外科医 須磨久善

海堂 尊

講談社

目次

はじめに……6

第一部　心臓外科医　須磨久善の旅……11

1章　未来への扉を開く――公開手術
一九九二年　ベルギー・ブリュッセル　41歳……12

2章　学会の熱風――米国留学
一九八四年　ソルトレークシティ　33歳……43

3章　回り道か抜け道か――外科研修と胃大網動脈バイパス手術
一九八六年　36歳……54

4章　ニュー・ライフラインの発見――AHA（米国心臓協会）
一九八八年　38歳……67

5章　外科医になろう――少年時代から医学生時代……83

6章　ローマへの道——ローマ・ジェメリ総合病院……105
一九九四年　44歳
7章　バチスタ手術——湘南鎌倉総合病院……124
一九九六年　46歳
8章　スマ手術への進化——バチスタ手術の完成形……150
一九九七年　47歳
9章　医療の宝石を手に入れる——葉山ハートセンター……162
二〇〇〇年　50歳
10章　須磨久善はどこへ行くのか——心臓血管研究所へ……177
二〇〇八年　58歳
第二部　解題　バラードを歌うように……187
二〇〇八年七月
主要論文と解題……217

カバー写真　須磨久善
撮影　操上和美
装丁　安彦勝博
初出「小説現代」２００８年11月号〜
２００９年３月号

外科医　須磨久善

はじめに

須磨《すま》の言葉には力がある。俳優のまなざしに例えれば、目力《めぢから》が強い、という感じだ。たとえば今回のインタビューの冒頭を、加工せずそのまま書いてみよう。以下は、須磨が語り下ろした言葉をテキストに落としこんだものだ。

「自分の人生を振り返ったとき、いろいろエポックメーキングなことがありましたが、ほとんどは旅とつながっていました。ホームグラウンド・日本でもいろんなことがありました。海外も三十ヵ国ぐらい回りましたし、胃大網動脈《いたいもうどうみやく》を使った冠状《かんじょう》動脈バイパス手術というオリジナル術式も考案し、日本人で初めて海外で心臓の公開手術も行ない、ローマでは教授を務め、その時出会ったバチスタ手術を日本で初めて手がけました。こうしたことを世界にどう広めたか。『心臓外科医の旅』を軸に、私がこれまで何を考えてそういうことをやってきたのか、まとめてみたいと思っています。そうした諸々《もろもろ》によって僕の人生がどう変わったかというストーリーになるのでしょう。そこで少しアレンジしておきました。第一回目は一九九二年の海外での初めての公開手術、二回目はちょっと戻って八六年、三十六歳の時の胃大網動脈を用いた新しいバイパス手術への挑戦について。アメリカ留学時代に学んだことを日本に持ち帰って、七転八倒しながら新しい術式を考案したわけです。その術式が生まれる前と生まれた後の医学界の反響、そして海外への旅立ち。第三回はモンテカルロに行くようになって、インスパイアされ葉山《はやま》ハートセンターという新病院をつくった話、最後にバチスタ手術との関わりになるでしょう」

同席した編集者たちもあっという間に「心臓外科医　須磨久善《ひさよし》の旅」に魅了され、物語が語られるのをひたすら待ち焦《こ》がれていた。その様子を見ていた筆者は、本書では「心臓外科医　須磨久善の旅」のガイド役として、魅力ある物語の翻訳者の役割を担《にな》おうと決意した。本書を手にされた読者も、一頁目を開けば、たちまち彼らと同じ気持ちになることは間違いないだろう。

第一部「心臓外科医　須磨久善の旅」は須磨の語り下ろしである。医師としての須磨、心臓外科医として世界の頂点に至るまでの須磨の航跡を描いている。それは須磨自身が語った物語である。それがすべて真実かどうかは不明で、立場の違う人が読めばささいな齟齬《そご》があるかもしれない。第一部の基本は、医師としての須磨の姿を自らの言葉で活写することになる。

第二部「解題　バラードを歌うように」は、筆者と須磨の関わり合いを含めて執筆した。筆者から見た須磨の描写である。そこではなぜ、筆者が須磨と「語る」ことになったのか、についても明らかになる。

実は筆者は、医師としての須磨については、一度も見学せずにこの評伝を書いた。医師であり作家である筆者は、医師としての須磨の業務を見学すべきだっただろうか。おそらく、多くの識者はそう判断するだろう。須磨の評伝を書こうとすれば、誰もが皆、間違いなく彼の手術室に見学に行こうとするはずだ。

だが、筆者はあえてそうしなかった。

それは、筆者自身が医師であり、同時に作家だからだ。

これでは十分な回答になっていないと思われる方もいらっしゃるかもしれない。より具体的な回答については、第二部の解題の中で謎解きをすることになるだろう。筆者は一応、ミステリー作家という肩書きも有しているので、物語のはじめにささやかな謎を呈示するのは、ひとつの習《なら》い性《しょう》なのかもしれない。

前口上が少し長くなった。乾杯の前のスピーチは短い方が粋だ。

ではいよいよ、須磨久善のステージへご案内しよう。

第一部

心臓外科医　須磨久善の旅

1章

未来への扉を開く——公開手術

一九九二年一月　ベルギー・ブリュッセル　　四十一歳

須磨が、自らの物語のオープニングに選んだ舞台は、海外での公開手術だった。

その公開手術とは、須磨が四十一歳のとき、ベルギー・ブリュッセルで行なったものだ。「公開手術」と言われても、一般の人にはなじみが薄く、何を意味するのかは、まったくわからないだろうと思う。

通常、外科手術は密室で行なわれる。人の命を扱う作業だから厳格に行なわれるべきだが、現実には人間は、常に緊張度を最高に保ち続けてはいられるものではない。どんなに厳粛な手術の場であっても、途中で軽口もたたけばくつろぎもする。

それを不謹慎と責めるのは間違いだ。手術には絶対にミスが許されない部分と、緊張を解いても不都合がない部分が混在している。だから緊張を緩和できる部分では、できるだけリラックスすることも大切なのだ。

厳格に言えば、外科手術の評価法は決まっていない、というのが実情だ。手術の中身も高度に標準化されているわけではなく、存外ラフだ。外科手技の優劣は、実は手術室に実際に臨席した者にしかわからない。

ところが、外科医としての世間的評判はこれとまったく異なる場所で形成される。患者の生還率が外科医の評価につながるのだ。たとえ術中の手さばきがどれほどひどくても、患者が快癒《かいゆ》すれば手術は成功と判定され、外科医のキャリアはひとつ積み上がる。快癒した理由の大半が、患者自身の自然治癒力に依《よ》ったものであったとしても、だ。

本来であれば、外科医の評価は成功した手術の数で決まるはずだが、手術の成功は結果的な側面もあるため、一概にそれがそのまま外科医としての彼自身の成功になるとは限らない。その部分だけを取りだして厳格に評価するシステムは存在しない。

したがって、手術室内部に外部の見学者がひとりいると状況ががらりと変わる。外部の目が入れば、主観評価の世界から離脱せざるを得ないからだ。その状況下では術者からリラックスが奪われ、ふだんと異なる緊張下でのパフォーマンスを強《し》いられることになる。それでも見学者が院内スタッフであれば状況はほとんど変わらない。ふだんからよく知っている相手という安心感があれば、自分を見失わずにすむ。

ここで、もし、まったくの第三者として、外部の人間が見学にはいるとどうなるか。こうなると普段着の手術と完全に違うものになる。そこにはなれ合いと甘えは一切入り込めない。いいわけも通用しない。だからこのレベルで手術を成功させることができれば、外科医としてはトップレベルだと評価するのは妥当だろう。

さらにその上のレベルに、ビデオによる公開手術がある。近年学会で盛んに行なわれるようになったが、不特定多数の同業者に自分の手技を晒《さら》すのだから、相当のプレッシャーだ。それでもビデオは編集できるので、まだ救いがある。

では、須磨が行なった公開手術とはいかなるものだったのか。

それは学会に参加した専門医の厳しい視線で手術の隅から隅まで見つめられるという、高いストレスがかかるきわめて特殊な手術だ。そこでの緊張、プレッシャー、動揺などは、これまでここで述べてきた手術など比ではない。

厳しい視線に晒された外科医には、自分の手技をやり遂げる以外に、逃げ場はないのだ。

須磨が公開手術を行なった当時、そうした申し出に応えられる人材、つまり主催者や参加者に「彼を招《よ》んでよかった」「あの手術を間近で見られて素晴らしかった」と思わせることができる外科医は、世界中を探しても片手で数える程もいなかった。

万一公開手術を失敗したら、外科医生命は絶たれることになる。その後、どれだけ立派な学会発表をし、素晴らしい本を執筆したとしても、「彼は手術が下手《へた》だ」のひと言で切り捨てられてしまう。こうして、つかみかけた名声を失った外科医は大勢いる。

だから有名になればなるほど、公開手術を受けて立つ外科医は少なくなっていく。

そもそも公開手術のゲストに招かれるハードル自体、異様に高い。前提条件として、独自の術式に関して論文を書き、学会発表をし、画期的な新手法だと学会内部で認められなければ、まずオファーがかかることがない。公開手術に招聘《しょうへい》されるためには外科医としての名声が学会で通っていなければならないわけだ。

何より大切なこと、そして何よりも大変なことに、その術式に関して自分自身がオリジナリティを持っていないといけない、ということが挙げられる。

公開手術の見学者は欧米先進諸国の教授連中だ。ひとたび彼らが手術を行なえば数万ドルの報酬を手にすることができる。その機会をキャンセルし、旅費プラス十万円は下らない参加費を支払い、三日、四日という時間を費《つい》やしてわざわざ見学にやってくる。そのモティベーションは、この手術を見ておきたい、ウワサになっている術式を知っておきたいという、純粋に学術的な知的欲求だ。

したがって彼らが見学を終えた後、素晴らしい手術だった、明日から自分でやってみたい、と思わせることができなければ、公開手術を行なった意味はなくなる。見学者の心に何かおみやげを渡すことができなければ、「アイツはたいしたことがない」という評価が固定してしまう。手術が成功し患者が助かったなどは、当然の前提で、公開手術としては意味を持たない。

ましてや公開手術の場で、縫合《ほうごう》の際に出血が止まらなかったり手が震えたりしたらもはや論外だ。なぜあんな無駄な手技をするのか、自分ならこうするのに、外科医としてセンスがないのでは、などというところまで、評価が瞬時に決定されてしまう。

ほんのわずかネガティヴなポイントが見えようものなら、そのことを、数百名の学会参加者が食事の場で話の種にする。帰国すれば、参加しなかった人たちが寄ってきて、状況を尋ねる。その場で「あいつはダメ。下手クソさ」と言いふらされてしまうのだ。こうなるとその外科医の評価は世界中に広がってしまう。

万一、手術に失敗などしようものなら、冷笑では済まされない。成功しても、手技がたいしたことがないと判断されれば、「オーディナリー（ありきたりだね）」の一言で切って捨てられる。

そんな風に評価が定まってしまった外科医は、次回の学会では見るも無惨なありさまで、まさに尾羽打ち枯らしたという表現がぴったり当てはまる。

洋の東西を問わず、成功者に対する嫉妬《しっと》は根深い。見学者の中には、パフォーマーの足を引っ張ってやろうという小さな悪意を持つ者もいる。

心臓を養う冠状動脈という数ミリの細い血管を細かく縫合するという、ミスが許されない場面に差し掛かった瞬間を狙《ねら》い澄ましたかのように、唐突な注文が飛び出す。

「ドクター・スマ、縫合場面が見づらいので、よく見せてくれ」

こんな外野からの雑音に対し、即座にインカムで回答しながら、次々に手術手技を魅力あふれるようにショーアップしていけなければ、観衆を魅了できない。

そう、公開手術とは、手術という名はついているものの、通常手術とまったく次元の異なる別物、いわばエンターテイメントに近い側面もあるものなのだ。そこでの実力こそが、世界の学会での評価に直結する。そこで流通しているのは、日本の学会で築き上げられるものとはまったく次元の異なる価値観である。

外科の世界は、医学というサイエンスの世界に属しているが、同時にアスリート的な側面も有している。学会発表やビデオ映像ならばいいとこ取りもできるが、リアルタイムの公開手術では、手際《てぎわ》が悪い、手術が遅い、手が震える、つないだ血管が詰まったなどという結果が即座に公衆の面前に晒されてしまうからだ。

つまり公開手術とは、外科医の未来を賭けたギャンブルなのだ。成功すれば一夜にしてスーパースター、失敗したら一瞬にして外科医としての名声は地に墜ちる。

恐れ知らずの須磨ではあったが、生まれて初めて公開手術を受けて立ち、ブリュッセルに向かう機内では、失敗した自分がしっぽをまいて日本に逃げ帰るイメージが常につきまとい、悶々《もんもん》としたという。二週間前に現地入りしてコンディションを整えながらも、初日が近づくにつれて、こんなことを引き受けるんじゃなかった、回れ右して日本に帰りたいなどと、ふだんの須磨からはとても想像できないようなネガティヴな感情に囚《とら》われ、苛《さいな》まれていたという。

外科医の晴れ舞台ともいえる公開手術のステージに須磨を招待したのは、ベルギー・ブリュッセルのルーベン大学サンルック病院の助教授ロバート・ディオンだった。フランス人なので須磨は彼のことをロベールと呼ぶ。

須磨とロベールは、ヨーロッパの講演等で旧知の仲だった。

ロベールの上司、シャルル・シャラン教授は退官間近で、ロベールは後継者候補ナンバーワンだった。そして、他のライバルより一歩抜きんでるため、公開手術を企画したのだ。ロベールは公開手術を一日二人、三日間連続というこれまで例をみない、世界初の試みとなるような手術予定を組み、世界中から三百人のトップ心臓外科医を集めた。

ロベールは当時の学会では注目の的だった。動脈を使った冠状動脈バイパス手術をライブショーでやり、そのシンポジウムをシャラン教授に捧げた。今回もロベールが公開手術を行なうが、それだけでは企画としては二番煎じでインパクトに欠ける。そこでロベールは、自分に匹敵するスターがいないかと探した。

そこで白羽の矢を立てられたのが須磨だったわけだ。

ロベールの申し出を、須磨は即座に快諾した。日本はおろか、世界中見回してみても未だに誰もやったことがないような公開手術。当然、若き日の須磨にとっても初めてのことだった。

須磨久善、四十一歳。心臓外科医としてはまだ若手だが、この時の須磨はすでに世界的に注目される心臓外科医のひとりになってはいた。当時の須磨は、三井記念病院の循環器外科の科長で、日に二、三人の手術を行ない、世界中の学会から毎月講演に招聘されるという、きわめて多忙な身だった。

さすがにいきなり初めての大舞台で、十分なパフォーマンスができるかどうか不安があったので、手術室の看護婦長と須磨の手術の手順を理解している看護婦二人を同伴して、本番の二週間前にブリュッセル入りし、現地で三例ほど、リハーサル手術を行なった。

現地のスタッフも使わないと手術は行なえない。器械出しの看護婦はいるが、手術の前立ちなど直接手伝いをしてくれるのは初対面の外国人スタッフなので、そのメンバーにも須磨の手術のクセなどを教えこむ必要がある。バイパス血管に胃大網動脈を使うなどという術式を、現地のスタッフは見たことも聞いたこともなかったはずだ。

それもそのはずで、その術式を考案したのは須磨久善、彼自身だった。つまり胃大網動脈バイパス手術とは、須磨のオリジナル術式だったのだ。


いよいよ物語は、公開手術本番に移っていく。

広い手術室の中央には手術台が置かれ、三台のカメラが設置されている。テレビドラマ『白い巨塔』で財前五郎《ざいぜんごろう》を田宮二郎が演じたときは、上の回廊から下の手術室を覗《のぞ》き「すごい手技だ」などと言っていた場面が印象的だが、現代の公開手術はまったく違う。観客は傍観者ではなく、公開手術は完全にインタラクティブ（相互的）で、観客から次々に無茶とも思えるような要望が入ってくる。

公開手術の術者が観客に呈示するフィールドは、一ミリの血管をつなぎあわせる極小の世界で、術者は五倍に見える拡大鏡を通し実相を見つめる。だから手術台のそばに来ても、裸眼ではわからない。どうするかというと、三台のカメラが構える中、外科医はインカムをつけ手術台に向かうのだ。

佳境では「キャン・ユウ・シー（見えますか）？」といちいち聞かないといけない。そうしないと、突然「見えないぞ！」という声が飛んできて、動揺してしまうことになる。

一生懸命手術をしていると、突然インカムを通じ、さまざまな大声が響きわたる。「ユーの頭しか見えない」「お前の手で肝心のところが隠れて見えない」「なぜ、そんなやり方をするんだ？　俺ならこうするが」「今の部分をもっと詳しく説明してほしいんだが」

そうした質問の矢が飛んできた瞬間に、すぐさま「それはね」と答えながらも、手の方はスムーズに動いていないといけない。なにしろ見学者は術野を必死に見たがる上、術者に外野から挑戦しに来ている人たちも大勢いる。高い金と貴重な時間を費やし、公開手術をわざわざ見に来る連中だから、中には俺の方がうまいという自己顕示欲の強い輩《やから》だっている。

「こいつを潰してやる」とまではいかないものの、足を引っ張ってやろうくらいの仕掛けはしてくる。一番大切な血管吻合《ふんごう》の繊細な部分、コンマ何ミリ、ここに針先を入れてここから出さないと血管が詰まってしまうというところにさしかかったまさにそ

の瞬間、

「ドクター・スマ。今の手技の意味は何か？」

などという質問が平然と行なわれる。凡庸《ぼんよう》な外科医ならそこで手が止まるか、質問に答えようと必死になり、手技がグジャグジャになってしまう。そうなるとその瞬間に、「こいつはダメだ」と判断されてしまう。

公開手術がホテルなどの大会場で行なわれる場合、スクリーンに術野が映される形式を取ることも多く、聴衆が優に千人を超えることもある。最低でも三百人から五百人は集まる。その中から数名がスペシャル・コメンテーターとして選ばれ、見学者に手技を解説する。

「ドクター・スマが今、こういうふうにしている理由は出血を防止するためです」とか「この手術はここが難しいんです」という説明が外部からつけ加えられる。彼らはいわば術式の翻訳者である。そうした説明をする一方、術者に向けて観衆を代表して質問したりする。コメンテーターにも様々な人がいて、友好的に術者をサポートしてくれるコメンテーターもいれば、底意地の悪いコメンテーターもいる。公開手術の成否はスペシャル・コメンテーターの人柄に拠るところも大きい。

会場から一面識もない専門家が次々に厳しい質問を浴びせる。三方に据えられたカメラが、髪の毛より細い糸で行なわれている血管吻合をスクリーン上に拡大して映し出す。本来ならそれは、術者のスコープの中でのみ見られる映像だ。そしてその映像を術者と共有し、その一挙一動を固唾《かたず》を呑《の》んで見守る観客（ギャラリー）がいる。

かなり腕に自信がある外科医でも、突然の質問にとっさに答え、術野がよく見えるようにふだんはまったく行なわない配慮をするなど、別次元のことにまでいろいろと考えをめぐらせないといけない。そして当然のごとく、手術の成功も要求される。

公開手術。その世界では、ふつうの外科手術でさえ、通常の手術とは大きくかけ離れた手技に変貌《へんぼう》してしまうものなのだ。

近年、日本胸部外科学会では公開手術に伴うこうしたプレッシャーが手術の妨げになり患者に不利益をもたらす可能性を考慮し、公開手術開催に対し厳しい審査を課するようになったが、須磨が公開手術を行なった九〇年代はそうした議論がなされる以前の状況だ。須磨は公開手術の実態をほとんど知らずに現場に「軽い気持ちでポンと行ってみた」と言うが、そのプレッシャーがどれほどすさまじいものであったかは、想像するに難《かた》くない。

新進気鋭の心臓外科医、須磨の公開手術に対する知識は、限られていた。質問が飛んでくることはわかっていたが、その時に自分のこころや身体《からだ》がどのように反応するのか、どれくらいプレッシャーを感じるのか、そしてそのプレッシャーによって、自分の手技がどれほどブレるのか、などというようなことに関しては想像もできなかった。そうした未知の領域を前に、さすがの須磨も足がすくんだ。だが、時の流れは容赦なく須磨を舞台へと押し流していく。

そんな混沌とした感情を抱えながら須磨は、とうとう公開手術当日を迎えたのだった。

手術室の扉の前。

術衣に身をくるんだ須磨は、隣のロベールと顔を見合わせる。ひんやりした空気がふたりの身体を包み込む。小さく深呼吸をしたロベールは、須磨にひとこと言った。

「ヒサヨシ、レッツ・ゴー！」

その時、開いた扉の向こうに須磨が見たものは何だったか。外科医としての華やかな未来？　それとも全力を出し切って手術を終えた呆然《ぼうぜん》とする自分の姿か。

その問いに須磨はあっさり答えた。

須磨がくっきりイメージしていたもの。それは手術を成功裡に終え、称賛に包まれている自分の姿だった。

扉が開いた瞬間に、須磨の栄光は決まっていたのだろう。


手術を行なう際、須磨がもっとも重視するのはイメージである。

須磨がはじめに考えることは、悲観的なイメージであることが多い。あらゆる可能性を考えるとそうならざるをえないのだと須磨は言う。手技の失敗、器械の不調、予定した術野とのズレ、スタッフのエラー。あらゆる事態を想定すると、その考えはたいてい悲観的なものになっていく。しかし、そうしたネガティヴ・イメージ・トレーニングを行なうことで、すべての事象を自分の想定内の世界に封じ込めることができる。すると次第に須磨のイメージは、ポジティヴな方向へ変わっていく。

できれば前夜には、手術がうまくいって心臓が元気に動き、「先生、うまくいきましたね」と言葉をかけられるところまでイメージする。前夜にプラスイメージに到達することが難しいことも多々ある。しかし手術室の扉の前に立つ瞬間には、絶対に成

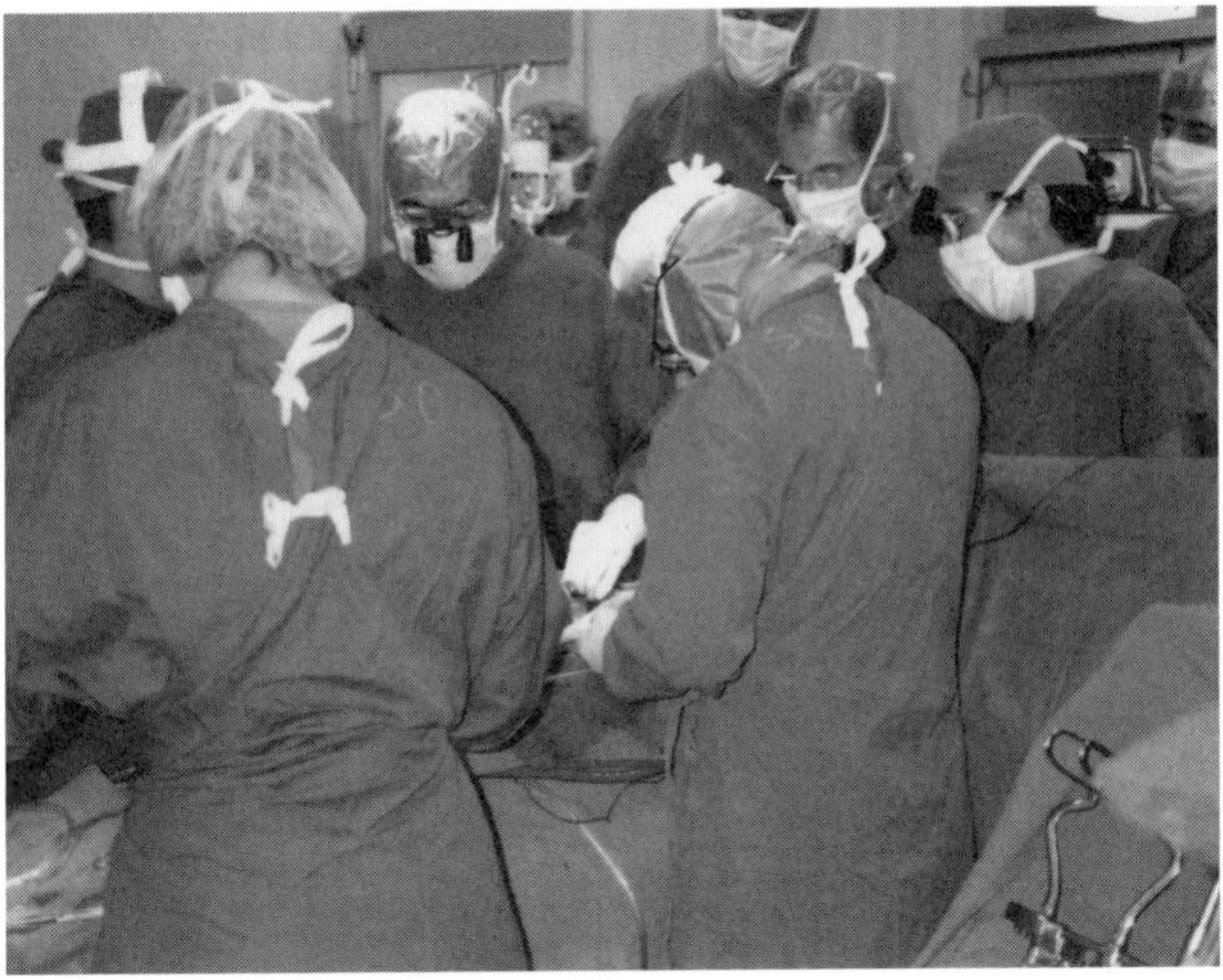

ブリュッセルでの公開手術に臨む須磨氏。
（スコープをつけた中央の医師）

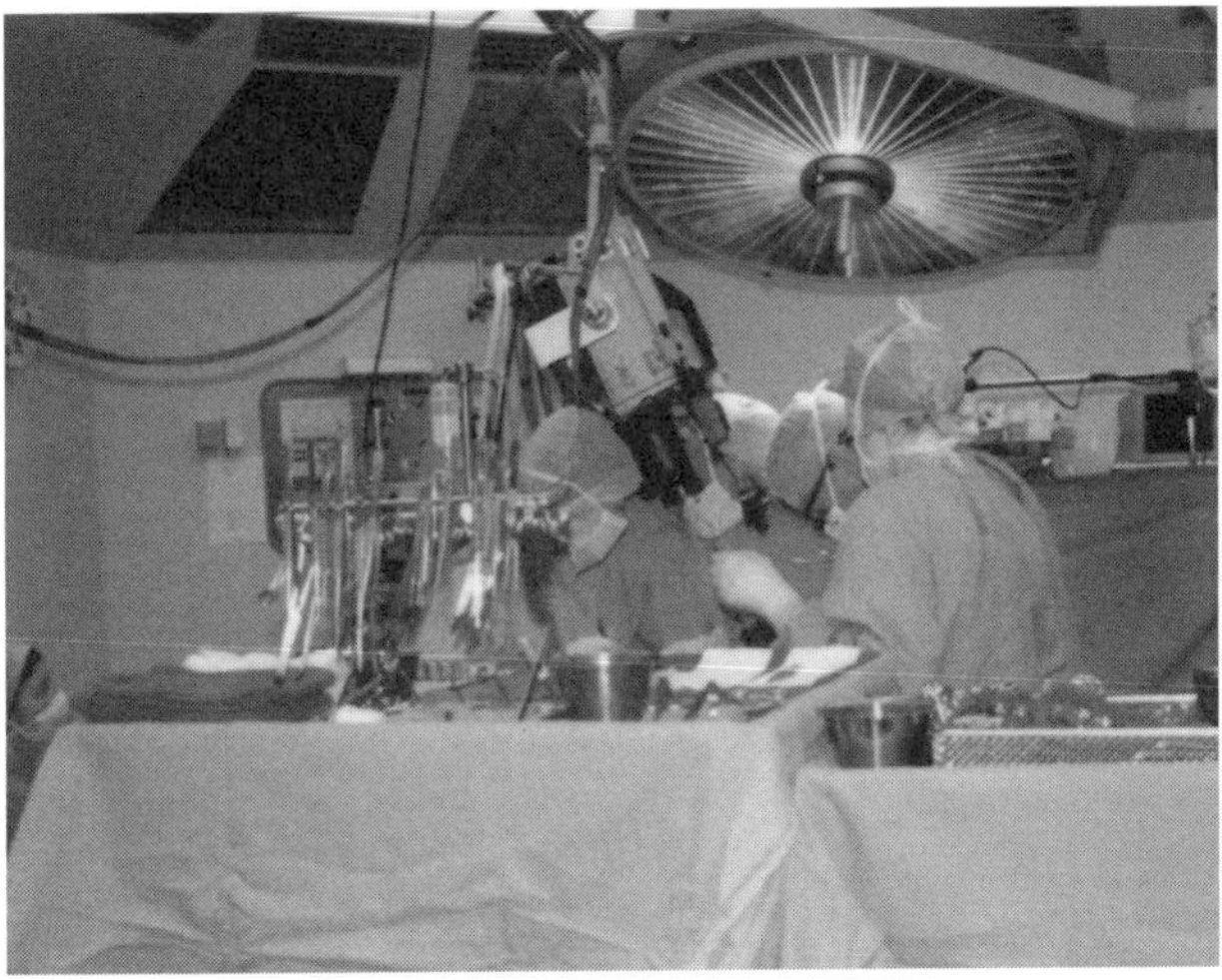

公開手術は、テレビカメラが術野を覗くなかでの手術だ。
観衆によく見えるようにという前提で行われる。

功するイメージをつかめるように流れを持っていく。

それが須磨のルールだ。

公開手術の時も、須磨は手術室の扉の前では、明確に成功するイメージを浮かべていた。強いプレッシャーは予想できたので、そこまで思いこめない可能性もあった。しかしそんな弱気な自分を須磨は叱咤《しった》激励《げきれい》する。

手術日までに必ずそう思えるようにするんだぞ、と自分に言い聞かせ、その地点に無事到達した。そしてロベールの「レッツ・ゴー！」という言葉と共に、光輝く手術室に入ったときには、ここが自分の手術術式を認めてもらい、世界に飛翔できる最高の舞台だと思うことができたのだという。


ハイリスクのギャンブルを、須磨は軽やかに選択した。

当時の須磨は心臓外科医として学会から注目を浴びつつあったが、確たる実績があったわけではない。須磨の知名度はたかがしれていた。その上、須磨が提唱した「胃大網動脈バイパス手術」は、それまでの常識からすれば奇想天外すぎて、誰もが妙な手術だと認識していた。そんな逆風に須磨は猛然と立ち向かったわけだ。

須磨にしてみれば、自分が開発した新しい術式を心臓外科学会に理解させ、見学者に自分も同じ術式をやってみたいと思わせることが最終目標だった。その到達地点への最短かつ最高のパスウェイが、ヨーロッパの格式高い大学病院での公開手術だったわけだ。だからこそインビテーションがきたとき、須磨は喜び、即座にオファーを受けた。

須磨は胃大網動脈を使ったバイパス手術を四年で二百例経験していた。そして自分が確立した新術式を世界に紹介するパスポートを、手術室の扉を開けた数時間後に手にすることになる。

この日、同行していた須磨の妻は、ホテルの一室でひたすら須磨の手術の成功を祈り続けていた。

広いホテルの部屋の窓からは、駐車場の先に煉瓦造りの大学病院が見える。時間が経つのが早いのか遅いのか、わからなくなる。

ふと窓の外を見ると、日本から同行したふたりの看護婦が病院から出てきたのが見えた。手術が終わったのだ、と気がついた妻は部屋を出て、彼女たちに駆け寄り声をかける。看護婦ふたりは振り返ると、弾んだ声で妻に手術の成功を告げた。

　妻は心の中で、神さま、ありがとう、と呟いた。


　一日目。こうして須磨は最初の公開手術を成功のうちにやりとげた。

　血に汚れた術衣を着替え、背広姿で部屋を出てくると、学会参加者たちがホールで、ロベールの手術を見学しながら、ランチをとっていた。二つ並びで同時スタートした手術を先に終え、須磨がホールのテーブルに座りスクリーンを見上げると、隣の手術はまだ真っ最中だった。須磨は「スプレンディッド」「ファンタスティック」という周囲からの称賛に包まれた。


　公開手術は一日二例で三日間、合計六症例行なわれた。

　二日目。初日の成功を収めた須磨はすっかりリラックスしていた。そんな須磨を予想外のトラブルが襲う。

　公開手術での須磨のテーマは、冠状動脈のバイパスを動脈で行なうというものだった。当時主流だった大伏在《だいふくざい》静脈は使わず、動脈を使って最高のクオリティのバイパスを行なうことが要求されていたのだ。中でも注目されたのが、胃の血管を使う須磨のオリジナル術式だったのだが、この他にも心臓の近くに左右二本ある内胸動脈という血管と胃の血管一本を使い、同時に三ヵ所のバイパスを行なうという、困難なテーマも与えられていた。

一方、二日目に組まれた手術では、胸の動脈のプレパレーション（準備）というルーティン・ワークの部分は現地スタッフに一任していた。ところが優秀なそのスタッフが、須磨が手術室に入ったとたん、須磨に向かって頭をさげた。

「アイム・ソーリー。右の内胸動脈を傷つけてしまいました」

須磨は呆然とした。

公開手術の際は、手術を始める前にホールに行き、何百人もの観客の前で患者のプレゼンテーションを行なう。たとえばこんな感じだ。

「患者は四十五歳の男性、糖尿病と高血圧を合併しています。右の冠状動脈が閉塞《へいそく》し、心筋梗塞《こうそく》を起こしているため心機能は低下、また左冠状動脈も九九パーセント狭窄《きょうさく》のため突然死の危険がきわめて高い。手術は左前下行枝《かこうし》と回旋枝《かいせんし》に左右の内胸動脈を用いてバイパスし、右冠状動脈には胃大網動脈を使い、三本の主要冠状動脈をすべてペディクル（有茎）の動脈グラフトを用いて完全血行再建します。若い患者なので、全てを動脈でバイパスすることで長期的に良い効果が期待できます」

術前にどのような手術を行なうか、こうして観客に宣言する。ところが今回、宣言したばかりの手術が実施不可能になった。それでもカメラは非情に回り続けている。

困り果てた須磨だが、瞬時に頭を切り替えた。画面の向こうで固唾を呑んで見守っているギャラリーに、平然と宣言した。

「さっきみなさんに説明した方法を変更します。今回は右の内胸動脈は切り取り、もう一方の血管につなぎY字型グラフト（バイパス用血管）を作成します。右側から内胸動脈を伸ばしても病変部位に届かない場合もあるため、その時はどうすればいいのか、というアイディアをお見せしましょう」

須磨はあっさり聴衆に告げたが、術衣の下は汗だくだった。当然だろう。なにしろ当時の須磨にはその術式の経験がほとんどなかったのだ。

須磨が、アシスタントのミスのせいで、宣言した術式が不可能になったという事実をギャラリーには伝えず、経験の浅い術式を外科医生命を賭けるような重大な局面で選択したのはなぜだろう。

須磨は笑って答えた。

「アシスタントの顔をつぶすわけにいかないでしょう。『助手が動脈を傷つけたので予定術式はできなくなりました』と言えば、助手はへこむし彼のキャリアに傷がつく。僕を手伝おうと思って一生懸命がんばってくれたわけだから、かわいそうです。動脈吻合が一ヵ所増えるから手術時間は少し延びますが、ふだん見られない、特殊な術式を直接見られてみんなも満足してくれたし、まあよかったでしょう」

須磨が人間としての奥深さをほんの一瞬、のぞかせた瞬間だった。

レバノン人のそのスタッフは、現在はその病院の教授になっている。そして今でも須磨に会うたびに感謝の言葉を添えるのだそうだ。

公開手術三日目。凱旋した将軍が群衆に向かって勝利を宣言するかのように、須磨は楽しく手術を行なっていた。三日目には会場の観客たちも須磨が優れた外科医で、そのオリジナル術式の画期的斬新《ざんしん》さを理解していた。須磨に対するリスペクトが満ち溢《あふ》れる空気の中、須磨は現地スタッフと日本から同行した馴染みのスタッフを束ね、和気あいあいと伸びやかに手術をした。

こうして須磨は初めての公開手術で成功の果実を手にした。公開手術が終了した後、パリで何日間か妻と骨休めをして過ごし、日本に帰国した。

公開手術を成功させた翌年、須磨の盟友、ロベールは教授になった。須磨は胃大網動脈バイパス手術を多くの外科医に認めてもらうことができた。異国での慣れないスタッフ、初めての公開手術。想像を絶するストレスを突破できたのも、そこに須磨自身の生きがいがあったためだろう。

新しいものを生み出そうとする人間には、使命感がつきまとう。そこに勢いとパワーが伴走する。それがなければギャンブルはできない。須磨の力量をもって狭い日本に閉じこもっていれば、そこそこ高い評価を得ることは可能だった。だが須磨は、何がなんでも行けるところまでは行く、という厳しい進路を選んだ。

須磨は自分が手がけたオリジナルの術式を胸に抱き、未来を見据えていた。ここはチャンスだ、ここさえ突破すれば絶対にわかってもらえる。

公開手術以後、気がつくと須磨の眼前にはいつもそういう局面が出現した。そしてその都度《つど》、須磨は奮い立った。がむしゃらな気持ちのエネルギーは、このときの公開手術の成功によって培われたのだろう。

そうした時に、須磨の目には行く先の道が光って見えるのだという。

公開手術に招《よ》ばれても報酬は少ない。旅費とホテル代が出るくらいで、手術一件やっていくら、というものではない。

公開手術のリスクを背負うメンタリティは、名声への欲望がほとんど。それは単なる名声ではない。その本質は、自分が生み出した術式を認めてもらいたいということだ。自分の術式はわが子のようなものなので、きちんと育て上げて、一人前にして社会に送り出してやりたい。ふつうならば論文を書いて実績を積み上げていくのがアカデミズムの世界の常だが、話が新しい術式ということになると、事態が変わってくる。たとえ論文を書いても他の外科医がそれを読んでくれるかどうか定かではないし、仮に読んでくれた場合でも、本当のやり方がわからずに、紙上で読んだだけでは、新しい術式などという大それたことをうまく実施できるはずもない。そうなると手術を失敗する可能性も高い。本当は術者が下手だから失敗したのに、新しい術式の未熟さだとジャッジされてしまうこともある。そうしたリスク回避には、目の前で本物を見せるのが一番手っ取り早い。

ただしこれには重大な前提がある。それはまず、公開手術のオファーを出してもらえるような外科医になる、という条件だ。

そもそも公開手術のオファーがくること自体、稀有《けう》なことだ。普通の外科医には、チャンスすらこない。だからそうした舞台に立つこともできない。仮にある外科医が新術式を考えても、無名の外科医ならば観客を集めることすらままならないだろう。また機会があっても、果たして現実にインビテーションされるかどうかは時の運。オリジナリティ溢れる術式を開発したことで名前が知られている、というのは最低限の前提条件で、なおかつそこに主催者が外科医としての自分を高く評価し、信じてくれなければならないという付帯条項も追加される。

なぜなら自分が招聘した人間が不細工な手術を見せたら、招聘者まで周囲からバカにされてしまうからだ。

「彼はなぜ、あんなどうしようもないヤツを招いたんだ？　彼の目は節穴か？」

だから主催者との信頼関係がないといけない。そうした諸条件を考えると、普通の外科医には公開手術というビッグ・チャンスはまず絶対にめぐってこない。ましてその頃、そういう場所に日本人を招こうという考えすらなかった。当時の日本は、心臓外科手術では後進国とみなされていたからだ。

日本で初めて公開手術のオファーを受けた心臓外科医という称号は、須磨のものだ。何事もさきがけがあって、現在に続いている。その後、日本人でもこのようなオファーを受けた者もぼちぼち出ている。しかしさきがけの意義は、二例目とは格段に違う。須磨はその後、場面場面の転換点で、常にさきがけになっていくことになる。

そうした経験を、須磨は気前よく後輩に伝えていく。国境を越え、仲間にその方法を伝授することで、多くの人々を引き連れてその国境を破壊していく。こうした人物のことを筆者は「破境者《はきょうしゃ》」と呼ぶ。

「破境者」須磨が覚醒した、最大のエピソードはこうして幕を閉じる。

※

公開手術の成功は、須磨の心臓外科医としての評価を確定した。そこには、須磨の手術のスピードを他の外科医に見せつけるという副産物もあった。ギャラリーたちは、須磨の手術の速度を目《ま》の当たりにして、さぞ驚嘆したことだろう。

須磨の手術は速い。当時日本では普通一日がかりの手術で、朝八時、九時から始まり夕方まで、場合によっては準夜帯に患者がICUにいくのが普通だった。しかし須磨の手術は二、三時間で昼前には終わるという。見学者がそろそろ佳境だろうと思って手術室に入ったらすでに閉胸していて、怒って帰ってしまったという逸話《いつわ》もある。

手術スピードが速い秘密について尋ねてみた。須磨の回答は明快だった。

「外科医とはアスリートのようなものなのです」

外科医は手先が器用でないとダメだと言われるが、実はそんなことはない、と言う。手術は切離《せつり》・縫合・結紮《けっさつ》という基本動作ができればいい。そこで何時間もの差はつかない。手術が速い理由について、須磨は原則論で説明する。その原則はきわめて単純、聞くと拍子抜けしてしまう。

よけいなことをしない。

やり直ししないよう一発で決める。

手術の速度を上げる原則は、このふたつしかない、と須磨は言う。

バイパス手術は血管吻合術だから、縫合し血液を流したときに血液が漏《も》れたら、再縫合が必要になる。そうなれば時間がかかる。手術のコアは血管同士をつなぐことだが、その他に血管採取や人工心肺準備など雑多な行為が必要だ。そうした時、須磨は最低限の必要なことしかしないようにこころがけている。

「一気にストンと本丸へいく手術をやるんです。これが一番速い」

須磨の目から見ると、外科医の多くはよけいなこと、しかもどうでもいいところに限って一生懸命やっているように見えるのだという。外科学教室には代々立派な教授がいて、その人たちの黄金律《おうごんりつ》をかたくなに守り続け、次世代はさらに積み重ねた新しいやり方も取り入れる。だからやらなければならない義務的な手技ばかりが増えていく。

そうなると、それはもはやひとつの儀式であり、足し算の世界になる。儀式的な手技には、しがらみの他、恐怖を和らげるおまじない効果という要素も含まれている。だが、須磨にはしがらみがない。だから「要は最終的にその地点へたどりつけばいい」と考え、ゴールに「ストンといっちゃう」わけだ。

だから手術時間が短くて済む。

無駄を論理でそぎ落とすには勇気がいる。論理の刃《やいば》で贅肉《ぜいにく》をぶった切れば合理的な手術を構築できるが、言うは易く行なうは難し。多くの外科医はうまくいっているやり方をあえて変える必要はない、という安全第一の考えにしがみつく。外科医の特異点である須磨は、ひょっとしたらこの手技は不要かもしれないと考えて、大胆に省略を試みる。

ここで凡人は、もしそれを変えて失敗したらどうしようと思い悩むわけだ。

限界線を超えないと無駄は見えてこない。たとえ見えても、徹底した合理の世界の判断基準に身を任せることはできない。須磨が今の若い外科医を見て気になるのは、彼らの保守性だという。彼らは失敗したときのいいわけを考えながら、失敗しないように常に何かを加えていく。だから作業量が減らない。あれもやり、プラスしてこれもやる。そうした姿勢こそが失敗を防ぎ、二度と過ちを犯さない方法だといわんばかりにどんどん手技を加えていく。

だがそれは、単なる臆病者の安全策にすぎないのではないだろうか。

須磨は、何も足さない。代わりに何かを引いていく。手術は手数と時間は少なければ少ないほどいい。患者の負担が少なくなるから。これが須磨の手術哲学の基本だ。手数が増えれば、その分失敗の過程が増える。ゆっくり手術をする凡庸な外科医は、往々にして、手技が速いことイコール手抜きしているか、雑な手術であるかのいずれかに違いないと思い込んでしまう。

須磨は違う。一度手術がうまくいった時にもできるだけ同じ術式を繰り返さないよう心がける。手術が終了したその瞬間から、この手術ではここからまだ何かを引けるのではないかと考える。こうした哲学を、須磨はひとことで切り取ってみせる。

「メイク・イット・シンプル（Make it simple）」

心臓外科手術は時間はできるだけ短い方がいいが、須磨の手術をライブで見た外科医は、その手術を評して言う。

「須磨先生は、全然急いでいないんです」

単純比較すれば須磨の縫合スピードは、ほかの外科医よりゆっくりしているようにすら見えるのだそうだ。だが実際に手術が終わり、時計を確認してみるとその時間経過が異常に早いことに驚かされる。

よけいなことをしない、やり損じない。一発で決める。

そうすれば手術時間は絶対短くなると、須磨は断言する。

言われてみれば、反論の余地はまったくない。

須磨はゆっくり丁寧に手術を行なうことをけっして否定するわけではない。だが、もし一回うまくいった時に、そこで固まってしまう外科医が多いことに対しては苦言を呈《てい》する。

技術の向上にゴールはない。今回の手術がうまくいったら、次回は三十分早く終わるように工夫する。一センチでも傷を小さくするためにどうすればいいか。どんな小さなことでもいいから、次の手術のための新たな課題は、いつも胸の中に温めておくのだと須磨は言う。そうした積み重ねが手術手技の進歩につながり、外科医自身の成長になる。ところが手術が自分の考えたとおりにうまくいった時には、これでいいのだと満足してしまい、そこで進歩を止めてしまう外科医が圧倒的多数だ。

こうしたことは、おそらくその外科医個人の目標設定によって変わってくる。手術技術をとことん向上させたいと考えるか、患者が治ればそれでいいと考えるかによって違ってくる。どのような目標を設定するかということは、最終的にその人間の哲学に関わってくる問題なのだろう。

その分岐点で、外科医という人種の運命は大きく二つに分かれるのだろう。

2章　学会の熱風――米国留学

一九八四年一月　ソルトレークシティ　三十三歳

須磨が確立した胃大網動脈を使った『冠状動脈バイパス手術（CABG）』は、どのように生まれたのだろうか。

この章ではその成立について述べる。

「胃大網動脈バイパス手術」は須磨を世界のひのき舞台に押し上げた殊勲者だ。大成功裡に終わった公開手術から、時は八年ほど遡《さかのぼ》る。

一九八四年一月、須磨は、アメリカ・ユタ州のソルトレークシティ・LDSホスピタルというユタ大学の関連病院に留学していた。

期限を決めずに渡米したが、母校の教授から突然指令が出て須磨の留学は半年という短期間で打ち切られてしまった。だがその半年間は須磨にとって実り多く、後の須磨に多大な影響を与えた。

そもそもブリュッセルでの公開手術は、バイパスに動脈を使うというのがテーマだった。外科医としての須磨のオリジナリティはバイパスに使用する素材としての動脈に、これまで誰も考えもしなかった「胃大網動脈」を使った点にある。「胃大網動脈冠状動脈バイパス手術」という新しい術式の確立ゆえに、国際学会級の公開手術の術者として極東の小国、日本から招聘されたのだ。

この章では、その新術式の発祥談の前に、須磨のオリジナル術式がいかに画期的な開発であったかを理解するため、心臓外科手術の基本的知識と当時の心臓外科の状況を知る必要がある。

心臓はシンプルな臓器である。ひとことで表現すれば「筋肉製の血液ポンプ」、これに尽きる。単純にして偉大な臓器、心臓を扱う心臓外科の大半を占める対象疾患《しっかん》は、狭心症と心筋梗塞である。

臓器は血液を介し酸素や栄養素が補給され、恒常状態を維持している。これを専門用語でホメオスタシスと呼ぶ。病気というのは、たいていホメオスタシスの破綻《はたん》により生じる。たとえばホメオスタシスの根幹である血流の途絶は、臓器の崩壊につながる。この状態を専門用語で虚血《きょけつ》状態と呼び、それにより組織が死んだ状態を壊死《えし》と呼ぶ。全身に血液を供給するポンプである心臓自身も、他臓器同様、血液の供給を必要とする。そして心臓への血液供給を行なう血管が、冠状動脈である。

前述の心臓の二大疾病《しっぺい》、狭心症と心筋梗塞は冠状動脈が何らかの理由で詰まり、心臓という臓器に血液供給が十分に行なわれなくなることにより引き起こされる疾病である。このふたつを総称し、虚血性心疾患と呼ぶ。虚血変化が一時で可逆的なのが狭心症、後戻りができない状況に変性したものが心筋梗塞と考えてほぼ間違いない。こうした虚血性心疾患に対し、心臓のバイパス手術という新技術が生まれたのが、一九六〇年代。その技術の基本は、血管を移植し冠状動脈の詰まっている部分と別のルートを作る、という趣旨の術式である。

冠状動脈バイパス手術がヒトで臨床応用され、爆発的に広まるきっかけになったのは、世界的に著名な病院、アメリカ・クリーブランド・クリニックでの心臓外科医が始めた「ＡＣバイパス」である。大動脈のアオルタaorta、冠状動脈のコロナリー

coronaryの頭文字AとCをとり「ACバイパス」と呼ぶ。バイパス手術とは文字通り、別の血管を使い心臓に新しい血液が流れる路（バイパス）を造る手術だが、その時新しい路になる血管をどこかから持ってこなければならない。標準的なバイパス手術は足の血管、それも静脈を使用するものだった。よく使われるのが大伏在静脈で、他の臓器の血管を再構築するときに一番使われる。この静脈は適度に太いためかなりの強度がある上、側副血行路が発達しているため、切除しても身体に悪影響はほとんどない。外科医にとって使い勝手のいい血管なので心臓にも応用された。バイパス手術は結果が良好だったため、七〇年代の心臓外科学会を席巻した。

ところが八〇年代に入り、バイパスに使用した静脈の十年後の変化を調べようという気運がアメリカやカナダで高まった。実際に病院と患者の協力も得、再造影検査をしてみると、手術を受けた人の半数の血管がぼろぼろになって詰まっているか、今にも詰まりそうな状態にあるという結果が発表された。

残念ながら静脈を使用したバイパスは傷《いた》み方が早く、十年保たなかったわけだ。

再チェックの気運は、内科医サイドから出た、バイパス手術の結果を医学的に明確にしたいという要望からきていた。それが学術テーマとして取り上げられるとグラント（補助金）もとれるし、実際再評価も重要だと理解していたので、心臓外科医も調査研究に同意した。ところがその結果、心臓外科医にとって驚愕《きょうがく》の結果になってしまったわけだ。

しかしこれは決してマイナスではなく健全な医学の進歩を意味するすばらしいエピソードなのだ。

内科医のチェック要望に心臓外科医が従ったわけだが、本来、内科医と外科医は、このようにしてお互いを補いながら患者の治療を進めていくことが理想だ。心臓手術の結果は外科医だけの満足では終わらず、内科医も満足させないと十分ではない。そのため内科医が抱く疑問に、外科医は答える義務がある。

いいものはいい、よくなければ次のステップへ進まなければならない。これが外科医の宿命だ。

そんな中、従来の静脈を使った通常のバイパス手術を行なう一派から、新たに内胸動脈を使うグループが出現した。冠状動脈の代替物なら同じ動脈がいいのではないか、という単純な発想だ。言われてみれば当たり前だが、そうしたことを行なおうとする心臓外科医グループは世界中を見回してもほとんどいなかった。理由は簡単で、バイパスに静脈ではなく動脈を使用するには、高度な外科技術を必要としたからだ。

須磨が米国に行った頃は、そうしたバイパス手術の一大転換期だった。千人単位の心臓外科医が集まる大きな学会に行き、あれこれ討論し、発表し、結論が出てくるという医学の歴史上画期的な瞬間を、須磨はその目で直接目撃した。

新しい知の創出の瞬間。その現場を見せつけられた須磨は、すっかりその熱気に魅せられていた。


ちなみに、バイパス手術で渇仰されているにも拘《かか》わらず、いまだに実現の目処《めど》がたっていない素材として人工血管があげられる。バイパス手術の現状は、血管素材としてまず、本来の冠状動脈とは性質を異にするが使い勝手のよい静脈を選び、次いで技術を要するが冠状動脈と同じ性質を持ち長持ちする動脈使用へと進化した。そしてその最終形はまだ見ぬ人工血管へとつながっていくはずだ。


須磨がアメリカに留学した時、一九八四年一月とは、そんな時代だった。

須磨は、留学先の病院で心臓外科手術を学ぶかたわら、アメリカの大きな学会に顔を出し、発表を聴きまくった。するとどの学会でも、バイパスに使用した静脈が十年経つと閉塞してしまうという話題でもちきりだった。一方、少数のグループが胸骨の裏側にある「内胸動脈」という、胸の筋肉や女性の乳房を養う動脈を使ってバイパスをしていた。須磨は彼らの発表内容に注目した。

驚いたことに動脈を使用したバイパスは、十年以上経過しても九割が開存していた。閉塞率の高い静脈とは対照的だ。バイパスの素材としては静脈より動脈のほうが優れている。動脈の置換《ちかん》に動脈を使用するのは自然の理《ことわり》だし、静脈は構造が脆《もろ》いという致命的な欠点があるからだ。

人間の身体の血管系には動脈系と静脈系がある。動脈系の血圧は静脈系の十倍。脈に触れ血圧を測る時には動脈を触知していることになる。たとえば「血圧が百五十で少々高めです」という時の血圧は動脈圧である。この時静脈圧は八から十と、動脈圧より一ケタ低い。手の甲の青筋は静脈だが、ここでは脈拍は感じ取れないくらい低圧なので、静脈構造は頑丈でなくてもよい。血管内部表面の「内皮細胞」が、血管を傷まないよう保護し、血液内の老廃物が侵入してこないようにガードしているが、動脈のバイパスとして静脈を使えば十倍の血圧がかかるので、血管内皮はすぐに傷んでしまう。静脈の内皮細胞は、そよ風に揺れる花びらのようなものだから、暴風雨のような動脈圧に曝《さら》されれば当然、花びらは強風によって吹き散らされてしまう。内皮細胞が損壊すれば、そこから血液内の脂肪やコレステロール、血小板といった成分が侵入してきて、血管壁はぼろぼろになってしまうという次第だ。

動脈バイパスの利点は明らかだが、術式を取り入れたのは学会でも少数派だった。難易度が高いからだ。胸骨の裏側から丁寧に剝離《はくり》するのも大変だし、ひと回り細い血管の縫合にはより高い技術が必要とされる。静脈は使いやすいために、現在でもいまだにバイパス手術の第一選択に静脈を使用している国は多い。長期的に予後が悪いとわかっていても、使いやすさを優先させてしまうわけだ。

誇るべきことに、現在、日本におけるバイパス手術の動脈使用率は世界を見回してみても抜きんでて高い。

「今、世界で最も注目されているのは日本のバイパス技術でしょう」と須磨は言う。

外科医の立場から見れば当然の選択だ。難手術をし損じて患者が亡くなれば医療訴訟になる。そうなるくらいなら、簡単で安全な手術を成功させた方がいいに決まっている。たとえ十年後に閉塞したとしても、何年かもたせられるからいいでしょう、と居直っても、誰も非難はできない。

患者の幸福のためにリスクを冒し難手術に挑戦しようとするような、蛮勇を持ち合わせた外科医は存外少ない。そんな無謀なチャレンジにトライするのは、何が何でもハイ・クオリティなものを患者に提供したいという使命感にあふれる医師だ。

「ただし、そんな医師は周囲からは変わり者と評価されますね」

と須磨は笑う。

これまでに日本の医療が自律的に達成したレベルはきわめて高かった、と改めて認識させられる。悲しむべきことにそうした高品質の医療は、失われつつある今、ようやくその価値が認識されようとしている。いや、それは楽観的すぎるかもしれない。医療が壊れゆく今に至ってもなお、社会は従来の医療が達成した成果に対し正当な評価を下さないというのが実態だ。だが評価しようがしまいが、医療が壊れてしまったらすべて手遅れだ。今の医療の状況はそんな限界水域に達している。

それでも須磨のような外科医が健在であれば、医療が完全崩壊することはない。ただし、現状の医療の惨状を市民社会が座視すれば、それは未来に現れる第二の須磨を見殺しにすることになる。

このまま、危機的状況を座視してもかまわないと社会は考えているのか。市民社会全体がそれをよしとするなら、いくら炭坑のカナリヤが声を張り上げて歌ったとしても詮無《せんな》いことだ。

現在の医療とそれを取り巻く社会はまさにそうした分水嶺にある。


須磨の物語に話を戻そう。前述のとおり八〇年代半《なか》ば、須磨がアメリカ留学していた頃にはすでに最先端の米国学会では心臓バイパスに用いる素材としては静脈より動脈の方がよさそうだとほぼ結論が出ていた。しかし内胸動脈は胸骨の裏側に左右二本しかなく、かつ届く距離も限定される。バイパスを三ヵ所、四ヵ所、あるいは五ヵ所もしなければならない患者もいる。そうした要望に対応するためには、内胸動脈の他に使用可能な別の動脈を探すしかない。

これが須磨がユタに留学していたときに出た結論だった。その結論には世界中の心臓外科医がほぼ同時にたどりついていた。しかし、多くの心臓外科医は同時にこう考えていた。

——今更《いまさら》そんな動脈候補は探してみたところで、どこにも見つかりはしないさ。

そんな中、須磨はこう考えた。

――ひょっとしたら、どこかにまだ見ぬ新しい動脈候補があるはずだ。

須磨が周囲の外科医と違ったのは、この一点だけだった。

須磨は、短くも実り多い留学を終える。帰国後しばらくして母校・大阪医大の恩師であり、当時の教室の主宰者にして新進気鋭の米国帰りの心臓外科医だった武内敦郎《たけうちあつろう》教授から思いもかけない申し出を受ける。

須磨は大阪医大胸部外科学教室のバイパス手術のチームのチーフに指名されたのだ。須磨久善三十五歳。当時の日本の心臓外科の世界では破格の大抜擢《ばってき》だった。

3章

回り道か抜け道か

——外科研修と胃大網動脈バイパス手術

一九八六年三月　　三十六歳

一九八〇年代当時、関西地区の医学界の勢力は、大阪大と京都大に二分されていた。そんな中、大阪医大に心臓外科手術を任せるため患者を紹介してくれる施設は少なかった。

武内教授から心臓バイパス手術のチームリーダーに抜擢された時、須磨の頭の中には大阪医大をバイパス手術のセンターにしたい、そして新しい動脈候補を見つけ、かつてないバイパス手術を編み出せば世界が認めてくれる、という考えが浮かんだ。とはいえ、身体のいったいどこにそんな都合のいい動脈があるかはわからなかった。

須磨が自分の道を切り開くために役立ったのは、心臓外科医としては一風変わった外科研修の経歴だった。

学生時代に心臓外科医になろうと決意していた須磨ではあったが、卒業後すぐに心臓外科の道に入ったわけではない。卒業後、東京・虎の門病院で外科研修医として採用されたが、当時の虎の門病院には肺外科、消化器外科、脳外科はあったが心臓外科は存在しなかったのだ。

心臓外科医になりたいと思っていた須磨は、その前に一般外科の基本研修を行ないたいと考え、進路を選んだ。心臓手術を行なう前に胃切除や、胆嚢摘出術などを学びたかったわけだ。心臓外科医になるためにまず基礎を勉強し、一般外科手術も理解したかったのだという。

虎の門病院で、須磨は胃の手術症例を数多く経験する。だから須磨にとって腹部という領域は古くからの顔なじみでもあったわけだ。

現在の外科教育のプロセスは細分化方向に向かっている。脳外科、整形外科など、専門部位の下に外科という名称がつく科は多い。体幹部は胸部外科と腹部外科に分かれる。その仕切りは横隔膜《おうかくまく》だ。横隔膜の上部は胸部外科になる。食道も含むが、対象疾患の多くは心臓と肺が占める。

一方、腹部外科の対象臓器は胃、腸、肝臓などの消化器が主になる。外科医の研修はヘルニアや痔《じ》など比較的低侵襲《しんしゅう》の手術でトレーニングを積むことから始まる。二、三年すると胸部か腹部の専門領域の選択を迫られる。両方を同時に行なう外科医は稀《まれ》だ。一度分化してしまうと、その後に領域の交流を行なうことは難しい。たとえば心臓手術は胸部だけを開ける。そして、自分のテリトリーでない腹部に手を出すことを嫌がるようになる。多くの部分に侵襲を加えることになれば、リスクが増加するからだ。だからいったん専門領域として胸部を選んだら、毎日肺や心臓の手術ばかりするようになる。結果として、胃や腸の手術はできなくなる。逆にふだん胃や腸の手術をする外科医が、ちょっと今日は心臓の手術をやりましょうということは、医療の現場ではほとんどあり得ないことなのだ。

腹部と胸部は距離こそ近いが、医療現場における距離から見れば別の大陸に属する国といえるくらい、遠く隔たったものなのだ。


新しいバイパス手術の素材探しを始めた須磨は、思いのほか早く解答にたどりついた。

そもそもバイパスに使える血管素材には三つの条件がある。一番目は、目的の冠状動脈まで届く長さがあること。心臓の詰まった血管の先に血流を届けるのだから、バイパスすべき血管に届かなければ意味をなさない。二番目は、心臓血管である冠状動脈と太さが似ていること。代替血管は細すぎると十分な血流を運べないため用をなさないし、太すぎるとそこで血液が乱流を起こし、血液凝固の原因となり詰まってしまう。

三番目は、代替血管を取り外《はず》しても人体に影響がない、ということだ。仮にその血管をバイパスとして用いた後で、手がしびれたり足がむくんだり、胃潰瘍《いかいよう》になったりしたらアウト。新たなバイパス血管候補を探していた須磨は、そうした条件をすべて充たす動脈は横隔膜より上にはもはや存在しないという確信を早々に得た。

確信を得た次の瞬間、須磨の脳裏にある動脈の存在が閃《ひらめ》いた。

横隔膜より下の腹部領域の血管群。

胸部になければ腹部を探す。言われてみれば、誰でもすぐに思いつきそうな話だ。だが実際にそうしたアイディアは、常識という名の檻《おり》の奥に深く蔵《かく》されて、そもそも思いつくこと自体が難しい。

心臓外科医としては異色の経歴を持つ須磨にとって、胃や腸の血管は馴染み深いものだった。したがって心臓のバイパスに使う血管候補を考え抜いたとき、胸部外科領域の横隔膜より上部には候補になる動脈はないが、腹部にはまだ候補になる血管がたくさんあると気づいたのだ。

その時思い浮かんだのが「胃大網動脈」だ。心臓に近く、長さも太さもちょうどよい。胃切除術では胃と共に切除されるが、その後の生活に大きな影響をもたらさないことは、腹部外科の経験からも明らかだった。

須磨は、胃大網動脈の血管走行の様子を頭の中に描き出した。

この瞬間、須磨は胸部外科と腹部外科の国境線を破壊したのだ。

胸腹部のボーダー、横隔膜を取り払い、心臓手術のために腹部を開け、胃の血管を使う決断をした須磨は、やがて世界中の心臓外科医から驚嘆と尊敬のまなざしで見つめられるようになる。この思いつきで、須磨は従来の心臓外科の領域を広げたのだ。

発想はすごいが、破境者の常で、一度境界を越え、破壊してしまえばもはや国境は消失し、当たり前のこととして次世代には受け容れられてしまう。だから時代と共に、彼らの業績は一般常識の中に紛れ込んでしまい、「破境者」の凄《すご》みは薄れていくものなのだ。

新しい動脈候補を探すのは第一歩が大変で、探し始めは百人心臓外科医がいれば、五人くらいは胃大網動脈のことをちらりと考えたりもするかもしれない。だが普通の心臓外科医なら、考えついたその場でストップしてしまう。これまでの術式を遵守《じゅんしゅ》し、目の前の患者の命を救うことに専念する。

それはそれでひとつの生き方だろう。

心臓外科医のテリトリーは胸部だから、新しい血管候補を探す時、胸部以外から探すという発想自体が常識破りだ。また、思いついてもすぐに実施はできない。腹部手術の素養がないため失敗したらどうしよう、という逡巡《しゅんじゅん》や恐怖心が生じる。そうした思いに耐えてまで新しい試みをするなら、いままで通りの方法でひとりでも多くの患者を助けた方がいいと、自分自身を納得させるのが一般的な外科医のメンタリティだ。

心臓外科医になるために、まず一般外科研修医になったという須磨の選択は、こうした発見をするという観点から見直してみれば、一見遠回りに見えたが実は最短の道のりだったのかもしれない。新しい血管の候補探しの際に閃いた須磨の直感は、間違いなく初期研修の経験から派生してきたものだろう。

この術式には、「コロンブスの卵」的な部分がある。思いついてしまえば他愛もない。だが解析してみると、この術式は須磨という、心臓外科医を強く志向しながらまず腹部外科の経験を積み、なおかつ患者の幸福のために働きたいという純粋な願いを真摯《しんし》に持ち続けるという特異な人物が、たまたま議論沸騰していた医学研究の最前線に身を置いた結果たどりつけたものだった。

稀有な配合が天意として行なわれたわけで、こうしたことを人は恩寵《おんちょう》と呼ぶ。

日本人は新しいものに対し拒否反応を示すことが多い。この術式公表直後の世の反応を須磨はひとことで要約してみせた。

「その発想は日本ではどちらかといえばネガティヴに、海外ではすごくポジティヴに受け止められました」

海外からオファーが殺到した。もちろん海外でも、「そいつはすごい」という外科医もいれば、「心臓手術なのになんでわざわざ腹を開けるんだ。クレイジー!」とののしる心臓外科医もいた。新術式がもたらした世界的反響については後に語ることとし、まず「胃大網動脈」をバイパスに使うということを思いついた須磨が、どのようにしてオリジナル術式を確立していったかを順を追って見ていこう。

須磨が術式のアイデアを思いついて次に考えたのが、実際に実施してみたいということだったのは当然だ。

須磨が最初に訪れた相手は、放射線科の教授だった。バイパスに使う目的で探している新しい血管は、胃周辺の腹部にあると考え、腹部血管を造影した腹腔《ふくくう》動脈造影レントゲン写真を百人分借りた。画像に写っている胃大網動脈の走行形態にはまっすぐなものや曲がったものがあり、長さ、太さも一様ではない。太く長いのは何パーセント、中くらいの長さが何パーセント、短くて使えないのが何パーセントと基礎統計データを百人分の画像データから区分けした。すると九割以上の人はバイパス手術の使用に耐える長さと太さがある血管を腹部に持っているという結果を、レントゲン写真の解析から得ることができた。

次に、胃に関わる動脈を使おうというのだから、とにかくまず胃から心臓に届かせるために何センチ必要か、という基礎データが必要になる。それには実際の人間で必要な長さを計測するのが手っ取り早い。しかしそんなデータは世界中探してもどこにも見当たらなかったので、須磨は解剖学教室へ向かった。解剖実習の見学をしながら、胃の幽門部から心臓血管までの長さを実際に計測してみたのだ。そしてたいていの人なら胃から心臓まで届かせるのに二十センチ程度あれば大丈夫だということを確認した。

三番目、四番目は消化器外科の教授と病理学の教授だった。

腹腔動脈は心臓の血管としてどれだけ長持ちするかという問題だ。もともと対象となる疾患、心筋梗塞や狭心症は動脈硬化が原因で、胃の血管にも動脈硬化は発生する。傷みやすい動脈なら、せっかくつないでも長持ちしない。そこで消化器外科で行なわれた胃摘出術の胃検体から血管の一部をいただき、病理学教室の教授に動脈硬化の度合いを判定してもらった。二十人の症例について病理学的に検討してもらったところ、教授から「動脈硬化が少ない、非常にいい血管だ」というお墨付《すみつ》きをもらえた。

余談になるが、現在医学研究は倫理問題が強く意識されすぎているため滞《とどこお》っている部分もある。倫理審査が一律にすべての研究に適用されてしまう仕組みになってしまったからだ。たとえば須磨が行なったこのような基礎研究も、現在の枠組みでは実施するために十倍以上の時間と労力を要するだろう。

それがいいことか、悪いことなのかはわからない。ただ、須磨が行なった基礎研究が倫理的に問題があると考える市民はおそらくいない。では、現在の医学研究における倫理審査は果たして妥当なのだろうか。

現役医師として、そのようなことを考えさせられた。

須磨は精力的に研究を続け、三つの基礎情報を揃《そろ》え、大学でこの術式を手術に使うというコンセンサスをとりつけた。とはいうもののすぐ適用するわけにはいかない。絶対安全ではない以上、積極的にその術式を採用できない。従来の大伏在静脈や内胸動脈が使えるのに、あえて使用経験のない胃の動脈を使うことは、後で問題が生じた時に大変困る。なので、いきおい適用は慎重にならざるを得ない。

須磨は待った。

何を？

従来の手法では対応できないような、特殊な状況にある患者の出現を、である。


半年が経過した。

ついに須磨の前にひとりの患者が現れた。五十代の女性、バイパス手術を一度受けたが、全部詰まってしまった患者だ。その上狭心症が再発、内科・外科合同カンファレンスでも手術しか選択肢はないという検討結果が出された。どんな術式が可能かという議論になり、前回の手術のためにバイパスに使える血管が少なく、みなが途方に暮れた。その時、須磨はとっておきのアイディアを示した。患者は内胸動脈を使えたが、それでは足りないので胃の動脈も使えばうまくいくだろうと説明した。教授たちは考え込んだが、須磨がこつこつ揃えたデータを提示すると、そこまでデータが揃っているのであれば、患者が了解すれば手術を行なってよろしいと須磨に告げた。

一九八六年三月。

須磨が手がけたその手術は成功し、患者は無事に退院した。退院前に血管造影をしたところ、バイパスに使った胃の血管はきれいに開存していた。須磨と彼が率いるチームの勝利だった。

リーダーの須磨が三十六歳で最年長。須磨はその若いチームの写真を今でも大切に持っている。メンバーは、二十三年後の今、それぞれの分野で第一人者になっている。三人の優秀な部下と共に、須磨は全力を尽くし、世界初の術式を成功させた。時を置かずに須磨は日本の学会の最小単位である地方会で、症例報告をした。その時の学会会場の反応を、須磨は今でも鮮明に思い出す。

プレゼンテーションの間、暗闇の中に自分が映写するスライドだけが煌々《こうこう》と映っていた。発表を終えた須磨は最後に言った。

「以上により、胃大網動脈は非常にバイパスに適した血管であり、手術成績も良好と思われます」

発表が終了しライトが点灯した。会場を見渡すと、聴衆がみな口をぽかんと開けていた。発表を取り仕切る座長も、うーん、とひとこと唸《うな》ったきり、あとの言葉が出てこない。

須磨の初めての発表、渾身《こんしん》の自信作はノー・リアクション、絶句で迎えられた。

その後、須磨は症例数を重ね、大きな学会でも発表するようになる。

腹部に問題もないのに心臓手術をするために開腹、胃の血管をつなぐ、ということは、心臓外科医にとって想定外の発想だ。だからこそコメントのしようもなく、心臓外科医は陰で「須磨のやっていることは絶対におかしい」などと言い合っていたらしい。中には「須磨は天才だ。最高の発想だ」と褒《ほ》めそやす人もいたようだが、それはきわめて少数だった。

最初の発表時は質疑応答なしだったが、症例が増えていくと、別の方面からさまざまなネガティヴな意見が発信された。

須磨はため息まじりに笑う。

「当時の反応は『腹部の血管をいじって胃癌《いがん》にでもなったらどうするつもりだ』とか『胃の血管を取ってしまったら胃潰瘍になるぞ』とかネガティブなものが多くて、『それを上手《じょうず》に使うためには、われわれは何を勉強し、どこに気をつければいいのか?』という類の前向きの質問は少なかったですね」

そう言って須磨は肩をすくめてみせた。

4章 ニュー・ライフラインの発見
――ＡＨＡ（米国心臓協会）

一九八八年三月　三十八歳

日本では、自分の研究は正当に評価されず埒《らち》があかないと考えた須磨が方向転換を図《はか》ったのは二年後、一九八八年のことだ。

須磨はこの研究を、世界でもっとも権威があり大規模な米国心臓協会（ＡＨＡ）へ提出した。ＡＨＡの年次学術集会では、毎年二万〜三万人もの心臓病専門医が一堂に会する。そのうち外科医は一割程度を占める。そこで発表し「サーキュレーション（Circulation）」という雑誌に載れば、世界の心臓外科のお墨付きになる。一般人にも有名な学会誌「ネイチャー（Nature）」や「サイエンス（Science）」とほぼ同格の学会誌である。

須磨が手にしていたのはわずか七症例の成功例だ。ＡＨＡでアクセプトされるには絶対的に症例数不足だった。須磨も、この程度の症例数で通るかどうか疑問だったが、とにかく出してみた。

すると驚いたことに、その演題が通ってしまったのだ。

それはおそらく七例全例が成功し、その予後も良好で全員元気、バイパス血管も閉塞せず通じているというパーフェクトな結果のためだったのだろう。

この時、須磨はある秘策をひっさげて学会会場に乗り込んだ。そしてその秘策は見事に功を奏した。

須磨の演題はポスター・セッションと呼ばれる形式で採用された。それはポスターを貼った前に立ち、来場者の質問に答える形態の発表部門だ。須磨の秘策とは学会会場にテレビを持ち込むことだった。ビデオに収録した手術の様子や、造影も実際に血流が見えるように編集して持って行ったのだ。

今でこそ学会では日常的に見られる光景で、パソコンが一般化してからはごく普通のプレゼンテーション手法となったが、須磨が発表した一九八八年当時、そのような発表形式をとっていたのは会場広しといえども、須磨ただひとりだった。ポスター・

セッションの発表は数百のブースが並んでいたが、物珍しさも手伝って、須磨のブースには人だかりが絶えなかった。

この秘策には、すばらしい副産物があった。新聞社とテレビ局がインタビューに来たのだ。彼らは須磨の術式の斬新さをいち早く評価し、こう報道した。

「ニュー・ライフライン（新しい命綱）が見つかった！」

この時より、須磨を取り巻く環境は一変する。帰国後、日本心臓血管外科学会でシンポジストになったが、そこで須磨が発表した内容が、NHKニュースで流れた。

この報道をターニング・ポイントとして学会や周囲の医師の態度ががらりと変わった。

「そんなこんなで、いつの間にか君はすごいという評価に変わり……。ある日突然、ヒーローになってしまいました」

高名な米国学術誌である「アナルズ・オブ・トラシック・サージャリー（Annals of Thoracic Surgery）」誌に論文が掲載されたことと、テレビ報道されたことを比較し、須磨が考案した術式を広めるのにどちらが有効だったかと問いかけると、須磨は少し考えて答えた。

「どちらも大切ですが、やはりメディアの力は大きいですね。学会でどれほどすごい論文を書いても、学会のオーソリティが『俺は認めない』とか『あれはダメだ』と言えば、配下は同じ方向を向く。ところがそんな連中も、一般大衆、メディアが注目し始めると無視できなくなる」


須磨は成果をあげるために常に最短距離を取り、右顧左眄《うこさべん》しない。もちろんすべて見通せているわけではない。前人未踏の地なのだから須磨にとってもわからないことだらけ。下調べをしてやってみたけれど、血管は果たして何年もつか、その後どういう問題が起こるのかはまったくわからない。そんな暗闇をひとり手さぐりで前進する。学会では理解されなかったが、そうしたことすら須磨にとって退歩ではなく、進歩を促《うなが》すものにしか見えない。ひとつ演題を発表するたびに、いろいろ質問が飛んでくる。それが肥《こ》やしになり、ひとつ質問に答えるごとに論文が一本書ける。

たとえば「胃の血管を取ったら胃が虚血《きょけつ》になり、胃潰瘍になるのでは」という質問に対しては、先端にレーザー血流計（胃壁の血流がドップラー効果で分かる装置）を

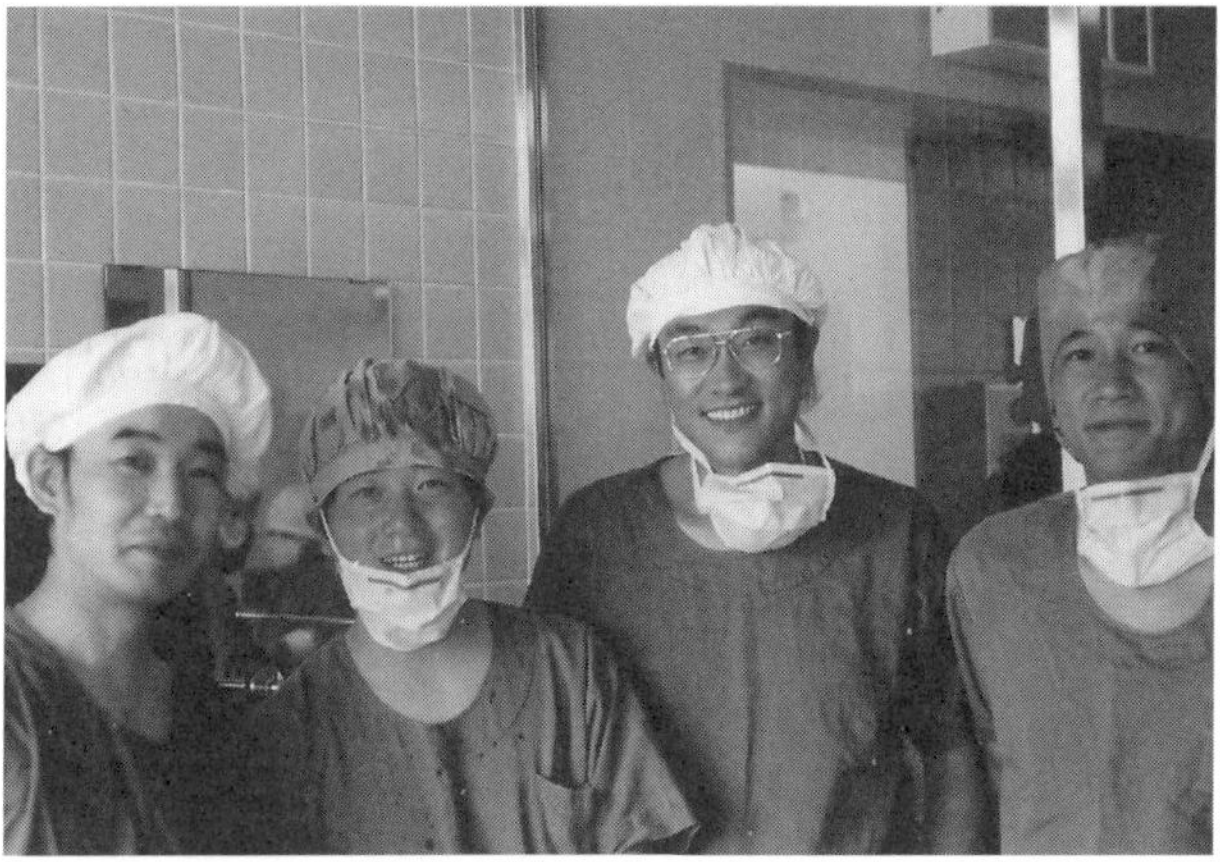

初の『胃大網動脈バイパス手術』を成し遂げたチーム。
右から２番目の須磨が36歳で最年長という若いメンバーだ。

米国心臓病学会で、ビデオを使ったプレゼンテーションを行う須磨。

付けた内視鏡を麻酔下で入れ、血流を確認しながら胃の血管を切り離し、胃壁の血流の変化を観察した。すると何も変わらなかった。理屈で考えれば、胃には四本の動脈が走っているので、一本外したところで、血流がカバーされることは容易に想像できる。

だがいつの世にも、そうしたことすら実地で確かめてみないと納得しない人々はいるものだ。須磨はそうした人々の質問に丁寧に答え続け、医学界に新しい知見をもたらし、最終的に須磨のオリジナル術式を世界に受け容れさせた。

須磨はこうした実績を決して軽々と達成したわけではない。ただし、達成した後は軽々と語る。日本で言ってもダメなら米国で認めてもらえばいい。確かに王道だが、実は須磨にとってはそこが最後の砦《とりで》で、そこで無視されたら仕方がないと覚悟を決めていた。

アメリカの学会はクリエイティブなこと、新しい発想に対し、ポジティヴに評価する。発想のプライオリティ（優先権）を尊重する。人のやらないことをやると日本では「変なやつ」と評価され、それが世間に認められた後はそのアイディアに相乗りした人間が一番偉くなったりする。発想のプライオリティに敬意を払うというアカデミズムの基本が、日本の学会では稀薄なのだと須磨は言う。

ＡＨＡでの発表テーマの中で虚血性心疾患がもっとも競争率が高く、演題採用率は三〇パーセントを切ると言われている。七例という一桁《ひとけた》台の症例数での演題採択はまずありえない。実際、須磨もそう考えてはいた。しかし強行し、須磨は見事に成果を手にした。

必要最小限で最大の成果を上げるのが須磨のスタイルなのかもしれない。

この時の発表を「アナルズ・オブ・トラシック・サージャリー」に投稿した須磨は、二十年後の二〇〇八年、シカゴのＡＨＡの年次学術集会で総まとめの発表を行なった。その論文は学会最高の権威「サーキュレーション」に掲載された。最初の発表時七例だった症例数が二十年の間に千三百五十二例に増えていた。この発表の栄誉として、須磨は世界中から称賛の手紙を受け取った。

須磨の術式は、今やアメリカやイギリスの外科の教科書にも載っている。日本人が世界に誇れるアカデミズムの業績の最高峰だ。この論文「Twenty Years Experience

With the Gastroepiploic Artery Graft for CABG」により須磨は、日本心臓病学会のClinical Research Award・外科部門の最優秀論文賞を受賞した。

新しい術式を開発しながらも、須磨は常に自分の座標を客観視しようと心がけているかのようだ。たとえば自分が開発した術式は、たったひとつの技術革新によってその意義を失うだろうという予見を淡々と語る。

その技術とは何か。

人工血管の開発である。

胸腹部大動脈瘤《りゅう》の手術ではすでに人工血管の使用はポピュラーだ。大動脈瘤を切り取り、布でできた血管に置き換える。こうしたことが可能なのは、大動脈瘤手術で用いられる人工血管の直径が二センチ以上とかなり太いためだ。太い血管は大丈夫だが、直径二、三ミリという心臓の冠状動脈に使用する極細の人工血管は、何回も試作されてきたが、すべて内腔がすぐに詰まってしまう。

これまで冠動脈バイパス手術における人工血管に関しては、さまざまな素材や加工法が、繰り返し検討されてきた。何しろ、人工血管は心臓外科医にとってありがたく、患者にとっても福音になる。

バイパス手術は世界で年間百万例以上行なわれている。これがすべて人工血管で事足りれば、他の血管をわざわざ切り取る必要がなくなる。そうすれば確実に手術は簡略化される。

人工血管市場は何兆円産業になる可能性を孕《はら》んでいる。たとえば一本二十万～三十万円で売られれば、平均三本のバイパスをした場合、一回六十万～九十万円の売り上げになる。全世界のバイパス手術施行数から考えればそれが膨大な市場になることは容易に想像できるだろう。

これまでさまざまな研究が行なわれてきたが、術後一年以上開存している人工血管は、動物実験ではちらほら報告がなされてはいるが、人体への応用はいまだになされていないというのが実状だ。遺伝子工学の応用も含め、研究者は極細の長持ちする人工血管を作ろうと必死だが成功していない。

須磨は人工血管の開発が自分の業績を無にする可能性を熟知している。それでも同時にその開発を強く願っている。それはひとえに患者のことを思えばこそ、なのだ。

独創性をもって歩み続ける須磨に、一部の上司や同僚からの評価はなかなかに厳しい。足並みを揃えないわがままなヤツ、と評されることもある。だが須磨は、その評価を受容する。自分でも、鈍くて欠けている部分があるという自覚があるからだ。常識人なら躊躇《ちゅうちょ》するところを平然と突っ込んでいく。

須磨は言う。

「画期的な業績を挙げたければ鈍感になるべきです」

相手を無視する力も重要だ、というのだ。そうしないと難関を乗り越え業績を挙げたあとに襲われる嫉妬《しっと》というマイナス感情をかわしていけなくなる。恨《うら》みつらみを抱えこむと負のエネルギーをため込んでしまう。そうしたマイナスの感情はとっとと吐き出し、きれいさっぱり忘れてしまうのが最上。ため込めば内向し、グチをこぼし始める。それがうつ病の始まりで、そうなるともはや元気に仕事ができなくなる。

新しい業績を挙げるためにもうひとつ大切なことは、ひとりきりになる時間を持つことだ。その時は自問自答をする。自分と対話を重ねることで見えてくるものもある。

決断する時は他人に相談しないというのも須磨の流儀だ。他人への相談とはつきつめると、自分の中の結論を肯定してもらいたいだけだ。ぴったりのアドバイスをもらえば相手のことを素晴らしいと思うだけで、決して決断の補強にはなりえない。

須磨が他人に相談する時、すでに決断は済んでいる。では何を相談するかというと、他の角度から見て欠落がないかどうかチェックしてもらうのだという。自問自答を繰り返し、須磨はここまで昇りつめた。おそらくこれからも、須磨は自問自答を繰り返していくのだろう。

そして人々はその恩恵を享受《きょうじゅ》することになるのだ。


それにしても、須磨の生き様はどうしてブレないのだろう。

それは、須磨が初心を忘れないから、なのかもしれない。須磨が医師になった理由は実に単純だ。人に喜んでもらい、かつ自分も幸せになるための手段として、医師という職業はベストだと思った。それが原点で、須磨は実はそこから一歩も外に出てはいない。

結局のところ、出会った人を助けてあげられるような自分でありたいというのがベースにある、と須磨は言う。だからこそ今の手術の技術で助けられない人や、命は助かるが相当ダメージを受けることにならざるを得ないケースに遭遇すると、もっといい医療を提供したくなる。もはや現在の医療では手の施しようがないと宣告されたような人にひとこと、「そんなことはありません。あなたは助かりますよ」と言ってあげたい。

そうした気持ちが、須磨の中にずっと存在している。だから結局、自分の中でもっと上へ、もっと優れた術式へ、と向かって行くのだろう。

しかしそうした性向には問題もある。周囲の人間から見ていると、なぜ一人だけどんどん先に行ってしまうのか、という批判に結びつくわけだ。

だが須磨は、それは違うと断言する。横並びだと、本来の医療の本質は全うできないはずだと考えている。

その感覚を例えて須磨はこう言う。

「例えば谷の向こうに病気で苦しんでいる人がいるとしますね。その人に、自分の手元にあるこの薬を飲ませてあげたら助かるということがわかっているとします。一方、谷の手前には医者が百人ずらっと並んでいる。けれども残念ながらその百人の医者のほとんどは、谷の向こう側へ行く手段を持っていない。そこの中の一人だけでも谷間をポーンと飛び越えて薬を届けてあげたら、それで済む話です。ところが待機している百人の医者の側から見れば、誰か一人が薬を届けると、抜け駆けだと非難する。足並みを乱したとんでもないヤツという評価になってしまうんです」

もちろん待機する百人の医師も、目立つカッコいい役をしたいと思わないわけではないのだろう。だが、そう思っていてもそれができない。できないのは、能力がないからではない。

群れから抜けることが怖いのだ。

それは医者の世界に限らず、日本社会の特性だと須磨は言う。

若いうちは、そうした谷間を越える医師に憧《あこが》れ、自分もそうなりたいと願っている。だが、そうした人間も、大学やどこその病院に属すると、なかなか一人で飛び出すことはしない。

須磨は、教科書に書いてあることをきちんとできる医師も必要で、それはそれでいいと思っている。ただし、一人で谷間を越えて薬を届けられる人がいた場合、外国ではヒーローと呼ばれるのに、日本では抜け駆けと罵《ののし》られてしまう、というメンタリティの違いには疑義を呈する。その影響は、若者の勇気ある行動には大きく影を落とすことだろう。

もちろん、須磨は組織の論理も理解し、当然だとも思っている。組織を束ねる人からすると、部下がいる。年功序列もある。その中からポーンと勝手に飛び出されたら、収拾がつかなくなって困ってしまうだろう。

須磨の話を聞いていると、そうした社会や医学界すべてをひっくるめて、自分を取りまいている世界すべてをあるがままに受け容れるしかないのだと達観している部分があるように思えてならない。

須磨にとって、みんなと手をつないで仲良くしてばかりいることはできない相談なのだ。群を飛び出せばしっぺ返しをくらうとわかっているが、須磨の原点は、谷間の向こうで苦しんでいる人を助けてあげたい、そして助けたら喜んでもらいたい、というものだ。それが須磨のプライオリティなので、仕方がないことだ。

もちろん、みんながみんな須磨のように動いたとすると、それはそれで社会や組織としては困ったことになるのだろう。そうなると、組織や社会とは言い難くなるかもしれない。

日本は田植え社会だと須磨は言う。遅すぎてもダメ、一人だけ早く行ってもダメ。

みんなで動くことによって田植えがきっちり行なわれる。それはおそらく、農耕民族と狩猟民族の違いなのだろう。狩猟社会では、十人中一人がでかい獲物をとってくれば、あと九人なんにもないとしても、みんな幸せになれる。

須磨は、狩猟社会の一員なのだ。

それでも最近の社会は少しずつ変化の兆しが見られる。巷《ちまた》では成果主義が声高に叫ばれているために、これまでの前提条件も少しずつずれてきているようだ。

サムシング・ディファレントという表現は、昔はどちらかといえば否定的に用いられてきた表現だが、最近は積極的な価値観を表す言葉に変貌しつつある。八〇年代に須磨は、医学界というコンサバティブな世界でそのように、周囲とは異なった価値観で動いていたために目立ったたし、だからこそ周囲からは目障りな存在でもあったのだろう。

須磨の話を聞いていると、その視線はアカデミズムの小世界などでなく、一般市民が属する社会を常に意識しているのだとわかる。意識的か無意識下の本能かはわからないが、長い年月を経て、今の須磨が意識的にそうした視座を持とうとしていることは確かなようだ。

そうした視座を持ち続けている、という事実を知ることによって初めて、須磨がブレない理由の説明ができるのだろう。

5章 外科医になろう
――少年時代から医学生時代

本章では、医師になる前の須磨の輪郭を写生し、そこから須磨が世界へ羽ばたく心臓外科医になるまでの流れを描き出してみる。

●幼年時代から医学生時代

須磨は兵庫県、神戸の出身だ。

中学校は甲南中学を選択した。幼稚園から大学までのエスカレーター式の学校で、そこには、良家の子女が集っている。だが須磨が甲南中学を選択した理由は小学生らしく、実に他愛のないものだった。

「死んでも丸坊主にはなりたくなかったんです」

当時、中学生は丸刈りが基本だった。周囲の公立中学校はもとより、名だたる進学校である灘中、甲陽、六甲などもすべて丸刈りだった。その界隈で坊主にしなくてもいい学校は、甲南と関学しかなかった。そこで甲南と関学の両方に見学に行ったら、関学は学生服が黒で甲南は紺だった。

須磨は紺が好きだったので甲南にしたのだという。

甲南は大学までエスカレーター進学が既定路線なので受験地獄とは無縁の学生生活を送っていた。周囲の友人も「おまえ、何大学に行くの？」などという話題はまったくなく、むしろ「おまえ、何になるの？　どういう仕事をするの？」という本質的な話をしているような学校だった。

そんな須磨は、中学二年のときに医者になろうと決めた。

それは唐突な決断だった。

親戚縁者にも医者はひとりもいなかったし、もし最初から医学部へ行こうと考えていたら、灘や甲陽という一流の進学校へ行っていた。ところが中学生になって、「将来自分は何になるのだろう？」と周囲を見渡したとき、須磨は呆然とした。

当時は東京オリンピックの頃で、日本全体が沸き立っていた時代だった。「モーレツ社員」が流行《はや》りで、会社に入って人を押しのけガンガン前に進む男が望まれる人間像だった。

一方少年時代の須磨は、ひとり静かに野辺の花を見ることを好むような、内気な少年だった。三月の早生まれのため、小学校の頃の一年の違いは大きい。四月生まれと一年遅れの三月生まれだと体力も迫力も違う。ドッジボールでも四月生まれの女の子にボールをぶつけられアザを作ったりしていた。小学校の頃は、どちらかと言えばいじめられる側だった。

だから須磨には、仮にサラリーマンになっても、押しのけられる方になるんだろうという諦観があった。人を押しのけたり、競争はしたくないという気持ちが強かった。小さくささやかな人間関係の中で生きていけたらいいなと願っていた。

そう思いながらも、本当のひとりぼっちはさみしくていやだった。

理想は、最小単位の人とのかかわり合いだ。仲の良い人たちから「君がいてくれてよかった」と思われるのがいい。競い合いではなく、ほのぼのとした人間関係ができたら幸せ。

いいやつと悪いやつが入り交じる雑駁《ざっぱく》な世界はイヤ。自分ががんばってもトップが愚鈍《ぐどん》なせいで路頭に迷うのもイヤ。他力本願でうっとうしいのもイヤ。よくも悪くも自分の責任で仕事ができないのもイヤ。つきあう相手とはケンカをするのも足の引っ張り合いをするのもイヤ。自分が誰かを不幸にするのもイヤ。

イヤイヤづくし、これでは須磨はふつうの会社員には、とてもなれそうになかった。そして須磨自身、そのことを深く自覚していた。

そんな須磨は中学二年の時に、あっさり自分の未来を確定する。

須磨はある晩、夢を見た。夢の中で須磨は、外科医が着るグリーンのガウンに身を包んでいた。

「その夢で進路は決まり、以後の人生で職業に関する選択は一度も変わりませんでした。なので、その後の人生は楽でした」と須磨は笑う。

だからその夢を見た少年の日が外科医・須磨の誕生日としても構わないだろう。

医者という職業はシンプルだ。一対一、最低二人単位で成立する。技術と知恵を駆使し患者がよくなれば、相手は「ありがとう」と言ってくれる。世間的にも胸を張れる。それこそ須磨が望んだ世界だ。

須磨にとって医師のひな形は「ベン・ケーシー」だ、と言う。名優ヴィンセント・エドワーズが、ケーシー・スタイルの半袖白衣をボタン一個はずして着こなす。その姿が幼い須磨の脳裡に焼きついた。須磨にとって医師とは内科医ではなく、バッサリ切って逆転ホームラン、という米国テレビドラマの中の外科医だった。そんなささやかな願いを抱いていた須磨に、天はふたつの天恵をもたらした。凄腕の外科医という称号と新術式の開発という名誉だ。

天は往々にして、かくの如きへそまがりな選択をする。

中学生の時に選んだ職業に就《つ》き、その世界の頂点に立っている。須磨の決断は、たとえあっさりとしているように見えても、実は精緻《せいち》な判断の集積なのかもしれない。

高校時代、須磨は全然勉強をしなかったが、成績はいつもトップテンに入っていた。もっとも、大学までのエスカレーター式一貫校で、周囲は勉強と縁のない生徒ばかりだったので、さほど威張れることではなかったのだが。

そんなのんびりしていた須磨も、ある出来事があって愕然《がくぜん》とする。

高校三年の夏休み、全国模擬試験である科目が八点しか取れなかったのだ。他にも十六点の教科もあった。もちろん百点満点で、だ。

両親は須磨の成績を見て腹を抱えて大笑いをした。そして入試の失敗を百パーセント確信し、須磨が医学部を諦めるだろうと考えた。両親がのんびりしていたのは、甲南が大学までのエスカレーター式の進学校だったから、医学部を諦めてもそれは須磨にとっての致命傷にならないことがわかっていたからだ。

ところがこの後、一念発起した須磨は奇蹟を起こす。

なんと高校三年の夏の劣等生が、半年で現役で医学部に合格してしまったのだ。

さすがに須磨自身も、夏の模試がこれでは浪人は確実だと思った。だがその一方で、絶対に浪人はしたくない、という気持ちも強かった。須磨はかつて、街角で浪人生たちが群れて歩いている姿を見かけたことがある。彼らの姿を見たとたん、須磨の全身には寒気が走り、ブルブルと身体が震えたのだという。

翌日、須磨は部屋の雨戸を全部、釘を打って開かなくなるようにした。そして両親に宣言した。

「これからは俺に声をかけないで。俺が起きたときが朝で、寝るときが夜なんだからほっといて」

そして黙々と勉強を始めた。そのライフスタイルは受験まで三ヵ月続いた。

お籠《こ》もり勉強を始める前日、須磨は高校に出向いて教師たちに尋ねた。

「僕はこれから医学部を受けるつもりですけど、もしも先生方の授業を全部受けて、試験で百点とったら医学部へ行けますか」

教師たちは「絶対に無理だ」と答える。すかさず須磨は「それなら先生の授業を聴かずに自分で勉強したいので、明日から学校に来なくてもいいですか」と尋ねた。

驚いたことに教師たちは、あっさり須磨の申し出をOKしてしまう。

後日、須磨が母校で講演したときに当時の先生方も聴きに来ていて、「あんなん言ったのは、あとにも先にもおまえだけや」と言われたという。それはそうだろう。

破格な生徒には破格な教師がつくのだろうか。

あまり裕福な家庭ではなかったので、医学部を受験するといっても、私学のように入学料と学費が高額のところは選べない。須磨家の条件に適《かな》ったのは国立医大と、私学なら大阪医大だけ。大阪医大の倍率は二十倍以上で、しかも千人を超える受験生の中のトップの八十人に入らなくてはならない。なぜなら、補欠合格になると高額の寄付金が必要になるが、須磨家にはそうした寄付金を出せる余裕がなかったからだ。

だが集中した勉強によって、須磨は何とかすべりこみで、大阪医大のトップの合格集団にもぐりこむことができたのだった。


医大生になった須磨は、スキーやバスケット、軽音楽部など趣味に没頭した。バスケット部の、医学生大会ではキャプテンとして全国優勝を果たした。特にスキーには入れ込み、シーズン中はほとんど雪山で過ごしていた。大学の枠組みを超えたサークルで、その仲間を通じて須磨は現在の妻と知り合い、卒業一年後に結婚することになる。


須磨は大学時代、合法的家出をした。ひとりっ子で親に溺愛《できあい》されていたが、それは同時に須磨にとっては確執《かくしつ》でもあった。両親の溺愛が、自分の生きる方向と一致しないと感じ始めていた須磨はある日、両親に告げた。

「これからはひとりで生活します」

両親からの巣立ちは、このようにあっさりしたものだった。

当時は学生運動が盛んで、活動家は教室を封鎖し総括《そうかつ》を行なっていた。そんな空気の中、スキーにうつつを抜かしていた須磨に、討論会に参加せよという厳命が下った。しかたなく須磨は下山し、討論会の教室に顔を出すと、一瞬みな黙り込んだ。雪焼けして真っ黒な顔をした須磨が、議論ばかり重ねているその場では、異質な存在に映ったからだ。

討議が終わると、出席を強要した学生が尋ねた。

「須磨君、この件についてどう思う？」

須磨はひとこと答えた。「別に」

それ以上発言は求められず、その後は討論会に出席せよという要請もなくなった。

「何ででしょうね」と、須磨は不思議そうに首をひねる。

下宿時代、貧乏学生の須磨の面倒を何かと見てくれたのが、大学の胸部外科学教室の武内敦郎教授だった。米国帰りの新進気鋭の心臓外科医だった武内教授は、須磨のことをいたく可愛がり、ゆくゆくは自分の医局に入局するものだと信じていた。

最高学年になっても志望先を決めかねる医学生は多い。精神科にしようか皮膚科にしようか、一種の錯乱《さくらん》状態になる者もいる。自分の将来がかかるから真剣に思い悩む。その一方で、クラブの先輩から「俺の科に入れ」と言われてあっさり進路を決めてしまったりする学生もいる。

このように自分の進路に関して右往左往する同級生が多い中、心臓外科医という進路を決めていた須磨は揺れることなく、ひとり気楽に残り少ない学生時代を満喫していた。

誰もが須磨は母校・大阪医大の胸部外科学教室に入局すると確信していた。他ならぬ須磨自身も含めて。

しかし須磨は直前で翻意《ほんい》する。卒業を目前にして、須磨は虎の門病院で一般外科の初期研修を行なうことに決めた。その選択には周囲も驚いたが、誰よりも選択をした本人が一番驚いていた。

●研修医時代

須磨の突発的な行動や選択は定期的に訪れたが、この時もまた唐突だった。しかしどれほど唐突に見えたとしても、そうした判断は須磨にとって、本能に基づく合理的な選択なのだった。今回の選択もそうだった。外科医として大成するためには、外科の基本を一般外科で学びたい、とある日突然ひらめいたのだという。それからもうひとつの要因。それは、しがらみからの離脱だった。須磨はひとりきりになるという自由を欲した。東京には知り合いがいないので、虎の門病院に就職するという選択をすれば、自然にそうした欲求も達成できる。

名門・虎の門病院の試験の倍率は高かった。当時母校の大学病院の医局を選択する者は九割以上。外部の研修病院を選ぶのは変わり者で、試験が課される施設に挑戦する者は少なかった。結果、虎の門病院を受験する医師は、学力に自信があり、独立不《ふ》羈《き》の精神にあふれたエリート人種ということになる。

須磨の受験理由は風変わりだった。虎の門病院の試験は各大学から優秀な人間がこぞって受験するため、なかなかの狭き門だ。だからおそらくその試験は優秀な人間を落とすために作られる超難問に違いない。それがどんな問題か確かめてみたい、という好奇心からだったのだ。

ところが須磨はこの試験に合格してしまう。そうなると持ち前の独立心から、須磨は虎の門病院での研修を選択することになる。これは成り行き上仕方のないことだったかもしれない。

虎の門病院の一般外科の研修医になった須磨は懸命に働き、四年間の前期レジデントを終えた後、二年の後期レジデントへの延長をもちかけられた。初期研修の実績が認められ、須磨が研修医として高く評価されたことの証拠だろう。ところがそこその給料ももらえる後期レジデントの申し出を受けた時、なぜか須磨は再びブルブルと身震いをする感覚に襲われる。

新しい環境に移ってしばらくすると、須磨はこうした身震いに襲われる。それは大概、五年というサイクルで須磨を襲った。それくらいの時が経過すると、その場所に慣れて楽になってくると同時に澱《おり》が身体にまとわりついてくる。そうなると息苦しくなり、全身に震えがくる。

酸素不足の水槽で金魚が水面でぱくぱくしているのと同じなのかもしれない。

須磨の本能がささやきかける。

「ここにいてはいけない。次の場所に行け」

そうして須磨は未知のフィールドへ足を踏み出すのだ。

虎の門病院で後期レジデントを勧められ、ようやく生活が安定した頃、須磨が選んだ新天地は順天堂大学の胸部外科学教室だった。ここで須磨はようやく、いずれ天命となる心臓外科の道へ一歩踏み出すことになる。ところがその待遇は無給研修医で一年生扱い。すべては四年前に逆戻りしたような錯覚に囚われた。だが、一般外科医四年のキャリアなど、心臓外科に関しては一年生で素人《しろうと》なのだからやむを得ないことだった。

その日帰宅した時、妻は須磨の話を聞かされ呆然としたという。

「お釈迦《しゃか》さまのように手のひらの上で遊ばせてくれる度量ある妻ですけど、さすがに後期レジデントを断り順天堂での研修医を選択したあのときには絶句してました」

須磨は淡々と語ったが、おそらくそれは須磨自身の絶句でもあったはずだ。何しろ四年間の経験が一瞬でゼロになり、一年生と同じ下働きからやり直し。心臓外科に関しては基礎知識に欠け、年齢は下の研修医からそんなことも知らないのか、と叱責《しっせき》される。さすがの須磨も順天堂大学に移った直後は、しまった、遠回りしてしまった、と後悔したようだ。

辛抱強い須磨にとっても、順天堂大での四年間は、心臓にさわりたくてもさわれなかった隠忍自重《いんにんじちょう》の日々であり、忸怩《じくじ》たる思いを抱えて過ごした日々でもあった。

須磨が心臓に触れさせてもらえなかった理由は簡単だ。自分より歳上の助手が大勢控えていて、新参者の須磨に順番が回ってこなかったからだ。当時の大学病院での研修は、どこも大同小異だったから、仕方がないことだった。

ところがそうした研修を続けていたある日のこと、須磨は異動を余儀なくされる。当時の順天堂大学心臓外科学教室、鈴木《すずき》章夫《あきお》教授が名門国立大学の教授に異動したのだ。

この事態に対する須磨の選択肢は三通りあった。第一。教授について新しい大学に移る。第二。順天堂大に残留し、次にくる新教授の下で業務に励む。第三の選択肢は、まったく別の場所に行く、というものだ。ふつうなら現実には第一か第二の選択肢しかない。順天堂大の医局で手術症例を重ねることはできず、心臓外科医としてのキャリアはゼロ。四年のキャリアは教授への忠誠心という尺度でしか測れない。なので現実には第一の選択肢しかあり得ない。

しかし驚くべきことに、須磨には第三の道が示された。

母校の胸部外科学教室、武内教授から、教室に戻ってこいと誘われたのだ。

思ってもみない誘いだった。これまでのキャリアがリセットされてしまうため、ふつうなら絶対に選択しない。だがよく考えてみると、これは母校の教授への負い目も一気に解消できる名案だった。

●母校・大阪医大勤務

須磨の話を聞いていると、時々不思議な感覚がつきまとう。分岐点になるといつも最善の道が示されるように見えるからだ。それは偶然と呼ぶにはあまりにも頻繁で、結局須磨が天から愛されているのだとしか言いようがない。フィクションの世界でこうした展開をすればご都合主義と一蹴されてしまうだろう。しかもそれはなぜかたいてい五年前後という、区切りのいいタイミングで訪れる。

このように恵まれた選択肢は、実はふつうの人たちにも同じように訪れているのかもしれない。普通の人間はそうした破格の選択肢が呈示されると、その眩しさに痛みすら感じて目を逸らしてしまう。そうして、チャンスを失ってしまうのだ。準備ができている人間だけが、そうした道を軽々と選択できるものなのだ。

当時の大阪医大の胸部外科学教室は隆盛を極めているとは言い難かった。関西医学界は阪大閥《ばつ》と京大閥に二分され、はざまの大学は二大巨頭のどちらかに属するしか生き延びる道はない、と言われていた。開業医からの患者の紹介がなければ手術件数を稼げないが、その紹介は権威ある二大巨頭の大学とその関連病院に集中する。そんな環境の中で、母校の胸部外科学教室を興隆させるには、通常の努力では不可能だった。

母校に戻った須磨の状況は順天堂大時代とほとんど変わらなかった。さすがに一年生扱いされることはなかったが、大阪医大にも古参助手や講師といった人材が山のように残っている点は、順天堂大とまったく同じだった。

そんな中、須磨は次第に頭角を現していく。そうしたコツを須磨はこう語る。

「役に立つ人間になること、でしょうか。何も、立派な医師になろうなんてがんばる必要はない。スタッフから必要とされる、有用な人間になればいいんです」

有用な人間になるためには、どのような鍛錬をすればいいのか。

「まずはイメージを摑《つか》むこと、です。イメージを持てれば、いろいろなことが上手《うま》く回りはじめます。たとえば手術見学ひとつとっても、外回りという雑用をしながら、手術メンバーと同じくらい勉強だってできる。その立場よりひとつ上、ふたつ上の場所からシミュレーションすればいい。助手の下っ端や第三助手として手術に入るなら、術者と同じ勉強をしておく。そうやって今のステージの一歩先、二歩先を歩けば必ず有用な人間になれます。みなさんだって手伝いを頼む時には使い勝手のいい人を選ぶでしょう？　有用な人間は、先取的な努力をすることで作られていくんです」

須磨の努力が実を結び、病院でも信頼を勝ち取っていく。

特に心臓内科の信頼を得たことが大きかった、と須磨は回顧する。須磨が抜擢されたときも、外科学教室内部であった反感を打ち消してくれたのが、心臓内科学教室のスタッフの声だったのだという。

ここで須磨が米国留学を敢行し、大きな転機となったことは前章で少しだけ触れた。

日本の医師の海外留学の希望地は、多くの場合、医学研究で世界トップの米国だ。そうした留学は箔付《はくづ》けのためのことも多い。そして留学先は教室が縁故を持つ施設がほとんどだ。だが須磨の留学は違う。須磨が米国留学を思い立った理由は単純だった。

当時、医療という枠を超え、世界中の話題を席巻したニュースがあった。人工心臓を埋め込んだ患者のニュースだった。

須磨は単純に、その技術を直《じか》に見てみたかった。

気持ちはわかる。だが、実際に現場を見たいと思い、留学まで決めてしまう人間が、果たしてどれだけいるだろうか。

一九八二年、世界に衝撃的な映像が流れた。胸に人工心臓を埋め込まれた男性の写真だった。完全埋め込み型心臓を入れた男性は百日間以上生存した。この人工心臓は製作者の名前を取って「ジャービック型」と呼ばれていた。その記事を読んだ須磨は矢も楯もたまらず、自分の目で確かめたいと考えた。須磨の願望はいつもシンプルかつクリアだ。

人工心臓を見てみたい。目的地はユタしかあり得ないし、留学先の病院も自ずと決まってくる。当然、病院にツテはないがここでも須磨の強運が発揮される。妻の親族がたまたま、その病院の小児外科の教授と知り合いだったのだ。

須磨は留学先に手紙を書き、留学を認めてもらった。こうしたやり方は当時の医局では通常パターンから外れていた。受け入れ先のユタ大学の関連病院でも同じ状況だった。これまで日本人留学生を受け入れたことがなく、対応に右往左往した、ということを後に須磨は上司から聞いた。とにかく須磨は、こうして日本人初の米国ユタ大学LDSホスピタルのフェローに迎えられたのだった。

そして須磨は、念願の人工心臓を目のあたりにしただけではなく、動物への埋め込み実験を手伝わせてもらうことができた。

ボスは優れた外科医だった。須磨の目的は人工心臓を実際に見学することだったが、須磨にはそれ以上の機会が与えられた。ボスは須磨に少しずつチャンスを与え、クリアできると次々にエリアを広げた。須磨は自分の中でイメージを作り、課題をこなし、次々にチャンスをものにしていった。ユタ留学で須磨は、数多くの学会に出席させてもらえた。そこで須磨が手にしたのは、心臓外科の最新情報と、新しい学問が立ち上がる時の熱気と意欲のるつぼのような混沌《こんとん》だった。

実り多かった須磨の米国留学だが、残念ながら半年という短期間で終了する。

母校から帰還せよという矢のような催促がきたからだ。かくして須磨は後ろ髪を引かれる思いで帰国の途に就いた。

留学から帰還した須磨は、精力的に医療活動を開始する。やがて須磨は冠状動脈バイパス外科チームのヘッドに大抜擢される。その部門のトップに立った須磨は近傍の開業医に患者を紹介してくれるように頼みこんだ。

「一例だけでいいですから、とにかくだまされたと思って紹介してください。絶対に後悔させません」

須磨の熱意にほだされ、近隣の開業医から紹介患者が徐々に集まりだした。母校の循環器内科医たちも須磨を力強くバックアップした。一度患者を紹介すると、その患者が満足した表情で戻ってくる。だから次の患者が紹介される。こうした正のスパイラルの下、紹介患者の数が次第に膨れ上がっていった。

須磨の着任当時の大阪医大・武内教室のバイパス手術は、年間二十例程度の推移だった。ところが須磨がチームを率いた初年度は四十一例、翌年八十例、そして三年目は九十二例と症例数を伸ばし、ついに四年目には百十三例と、年間百例を超えた。当時の阪大・京大の二大巨頭でも年間せいぜい数十例のバイパス手術を行なうのが精一杯だった。それを二大閥のどちらにも属さない弱小医大が四年で達成してしまったのだから、関西医療界の衝撃はさぞや大きかったことだろう。

さらに須磨は、そこで世界初の胃大網動脈バイパス手術を完成させ、世界的な外科医として広く認知された。

須磨の前途は洋々としていた。

そんな中、またしても須磨に五年目の転機が訪れる。心臓外科手術では日本有数の病院、三井記念病院から循環器外科科長への就任要請がきたのだ。例によって須磨は新しい場所へ異動するという選択を行なった。

ただしこの選択は、いつもの須磨の匂いはしない。なぜならこの流れはあまりに順境なので、他の外科医でも当然同様の選択をするだろうと思われるからだ。

一九八九年二月。須磨が就任した後、多数の手術を行ない、こうして三井記念病院はまたたく間に日本一バイパス手術をする病院になった。バイパス手術だけで年間二百例近く行なうようになっていた。当時とすれば、いや、現在においてもすごい数である。

須磨は毎年外国を回り講演をこなし、冒頭でも述べたように一九九二年にベルギーで公開手術を行なった。そんな須磨の元に、やがて、またしても驚くような便りが届けられる。

ローマ・カトリック大学付属のジェメリ総合病院から客員教授のオファーがきたのだ。

6章 ローマへの道
――ローマ・ジェメリ総合病院

一九九四年　四十四歳

カトリック大学・ジェメリ総合病院はベッド数二千、イタリア最大の私立大学病院だ。イタリアで一番歴史があり、他の学部はミラノに本部があるが、医学部だけはローマにある。バチカンが資金を出しローマ法王はじめバチカンの要人が病気になった時には、必ずここに入院する。法王が外遊する際には、この大学の教授が同行する。イタリアではバチカン病院として知られている所以だ。この病院にアジア人として受け容れられた客員教授は須磨が初めてのことで、須磨が駐日イタリア大使に挨拶に行くととても喜んでくれた。

「日本人にはあまり知られてはいないのですけれども、あそこはすごい病院です。イタリア人にとって最高の病院で、日本人が客員教授になるなど前例がありません」

ジェメリ総合病院から全面的な支援を約束された須磨は、さっそく住居と車を用意してもらった。

須磨はかつてイタリアで二回ほど、キエティ大学のアントニオ・カラフィオーレ教授に招《よ》ばれて公開手術を行なっていた。カラフィオーレ教授はイタリア人の親友で、後に須磨が日本で初めてバチスタ手術を行なう際、助力を要請している。キエティ大学での公開手術も、ブリュッセルでの公開手術を見学したカラフィオーレ教授が招聘したものだ。須磨はかつて、カラフィオーレ教授から「知り合いのローマ最高のカトリック大学のポサーティ教授に会ってみてくれ。彼はできたらスマの手術を見せてもらいたいと言っている」というオファーを受けたことがあり、この申し出に対し、三日で六人の手術をしてみせた。

後から考えると、おそらくあれが面接試験だったのではないか、と須磨は推測している。

その三ヵ月後に須磨の許に届けられた、客員教授のオファーの手紙に驚きながらも、須磨はローマには一度住んでみたかったし、いい経験になるからと前向きに考えて、妻を伴い三井記念病院に籍を置いたまま、新任地ローマに向かった。

一九九四年七月。三井記念病院に赴任してちょうど五年目のことだった。

イタリア語を勉強せずに渡欧した須磨は、現地で英語がほとんど通じないことを知り、愕然とした。店員やタクシー運転手は全然英語を話さないし、病院の看護婦もほぼ全滅。他の病院から手術のオファーが来ても、英語では道具が出てこずに大混乱する。仕方なく須磨は個人授業でイタリア語の基本を学び、単語を覚え、わかりやすくしゃべる短期トレーニングを行ない、何とか手術ができるようになった。

当時のイタリアは心臓手術に関して遅れていて、金持ちや難手術の患者はスイスやフランスに逃げていた。そうした状況を政府が把握し、イタリアの心臓外科全体のレベルアップの必要性を痛感していたため、須磨の招聘もすんなり通ったらしい。当時のイタリアの医療界には向上心が溢れていた。イタリア各地からわざわざ須磨の手術を見学しに病院を訪問する医師も多かった。

九五年一月、須磨はボローニャ大学に招かれ、三日連続で手術を行なった。

その初日の早朝。CNNを何気なく聞き流していた須磨は、アナウンサーが聞き慣れた単語を連呼しているのに気がついた。須磨の故郷、神戸の名前を呟き込むような口調で繰り返していた。須磨は注意の焦点を放送に合わせた。

阪神・淡路大震災だった。

ローマの妻に電話をすると「心配すると思って電話しなかったけど相当ひどいみたい。大使館に勤務している知人から電話があって『先生が帰るのでしたら飛行機の手配をしますが、神戸の街には入れません』と言われた」とのことだった。須磨の母は神戸に一人で住んでいた。妻が電話をかけても通じないという。須磨も電話をしてみたがやはり通じない。その状態は三日間続き、須磨は母の安否の確認を諦めた。

朝のニュースで死者は一桁だったが、昼に手術が終わると二桁、夕方には三桁と、一桁ずつ増えていく。友人に電話をしても通じない。東京の知り合いに電話をすると「神戸は壊滅です」と言われ、すぐ帰ろうとも考えたが、手術待ちの患者もいるし、帰っても神戸の街にたどりつけないだろうと思い直し、そのままイタリアで手術を続行した。その間妻は電話をかけ続け、友人が自転車で安否確認に向かってくれ、ようやく四日目に母親の生存が確認できた。近くの家に助けられていたとのことだった。

須磨が招聘されたイタリアのローマ・カトリック大学付属ジェメリ総合病院前で。中央が須磨。

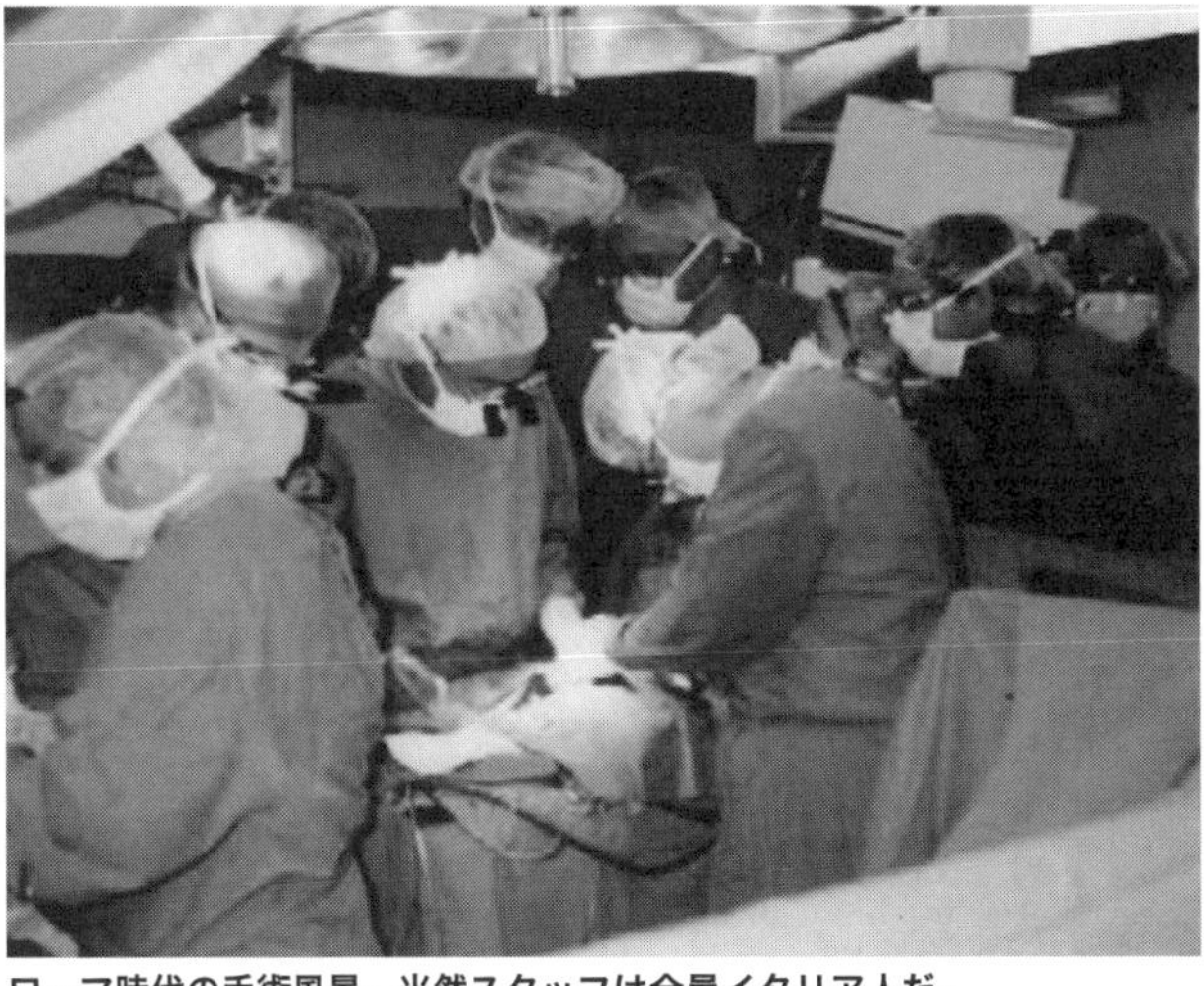
ローマ時代の手術風景。当然スタッフは全員イタリア人だ。

須磨の実家は半壊状態だったという。

その年の三月には地下鉄サリン事件もあり、やはり新聞の一面で大々的に報道されていた。ローマでは須磨はよく「日本は滅びるぞ」とからかわれていた。

須磨はローマで二百例、手術をした。イタリア語は上達したが、細かな聞き取りは難しく、微妙なニュアンスは伝えられない。それでも手術ができたのは、病院が心臓外科医・須磨を機能させるために十分な態勢を整えてくれていたからだ。事前の診察はレジデントが全部チェックしデータも揃える。クリックひとつで、患者の年齢、性別、病態、投与薬剤、心臓所見が呈示され、状態把握もでき、術式決定に三分もかからない。患者の主治医は別にいたので、須磨は院内では純然たる執刀医だった。


ローマに赴任して二年が経過した須磨は、イタリア永住を考え始めていた。

ローマは居心地がよかった。ボローニャやサレルノでも手術をしたし、フランス・マルセイユから招ばれたこともある。エジプト・カイロでは、エジプト心臓外科学会が公開手術を交え学会を開催し、エジプト初の公開手術が行なわれた。米国クリーブランド・クリニックの主任と須磨の二本立てで、隣同士の部屋で手術を行ない、様子をモニタで流したりもした。

　カイロではこんな一幕もあった。

　公開手術二日前にエジプト入りした須磨は、相談したいことがあるから来てほしいと教授室に呼ばれた。行くと教授が五、六人、集まっている。その中のひとりの教授の八十半ばになる母親が心筋梗塞になりかかっている、というのだ。造影したら、あちこちの血管が詰まりバイパスが必要だ、とわかった。だが諸事情から心臓外科手術大国・米国へ連れて行けそうにない。そういうことを口々に説明し終えると、全員、一斉に須磨の顔を見る。そしてみんな黙り込んでしまった。

　その中のひとりが、ようやく口を開いた。

「スマ、手術をやってくれないか」

　フィルムを検討してみるとかなりの重症だが、自分の技量であれば、やってやれなくはなさそうだ。須磨は尋ねた。

「いつでもいいのか？」

「いつでもいい」

「今からでも？」

「今からでもいい」

「じゃあ、やろう」

そして須磨はエジプト入りしたその晩に「パパッと」手術をしてしまった。

こうした経緯もあったので、須磨の腕はエジプトでも高く評価され、時々手術をしに来てほしいというオファーを受けた。聞くとヨーロッパの有名な外科医もアルバイトをしているようだ。だから須磨のローマ移住には十分な成算があった。当時は円高リラ安で生活費が安かったため、家を買おうかと本気で思うようにまでなっていた。

そんな須磨はある日突然、日本に戻る。帰国を決意させたのは、今や須磨の代名詞ともなっている心臓外科手術の最難関、バチスタ手術だった。


九五年当時、心臓外科学会では幾つかの新術式が注目されていた。九四年十二月ローマのカトリック大学で、新しいバイパス手術をテーマとした三日間のライブ・デモンストレーションを、須磨の提案で主催した。須磨はプログラムを任された。五百人のゲストが集まり、三日間心臓外科医の得意技を見せるライブを行ない、講演を企画した。今でこそ普通の術式、『オフポンプ・バイパス』という、人工心肺を使わずに心臓が動いた状態で行なうバイパス手術の原型のビデオをアルゼンチンの外科医が持参した。画期的な手術で、米国や欧州の心臓外科医、そして須磨も一斉にやり始めた。この『ミッド・キャブ』とも呼ばれるようになった術式を日本で初めて施行したのも須磨だった。須磨が帰国後の九六年に行なわれたのが第一例目だ。この件は新聞で報道もされ、今では日本のバイパス手術の実に六割が人工心肺を使わずに行なわれている。

そして当時の欧州の心臓外科学会を席巻していたもう一つの話題がバチスタ手術だった。

バチスタ手術は正式名称は『左室縮小形成術』であり、考案者のブラジル人医師、ランダス・バチスタ博士の名前に由来して、そのように呼ばれていた。

当時は、どの心臓疾患系の国際学会に行ってもロビーで「バチスタ手術、知ってるか？」という言葉が挨拶がわりに使われていた。手術の内容を聞きつけ興味を持った須磨は、カトリック大の医局員を二週間ブラジルに派遣し、バチスタ手術を全部ビデオに撮らせてきた。ビデオを見たらウワサ通り、本当に肥大した心臓をバッサリと切っている。

須磨はその時の自分が受けた衝撃を、昨日のことのように生々しく語った。

「こんなことしたら死ぬでしょう、心臓が止まっちゃうでしょうと医局員に尋ねたら、彼は熱い口調で『いや、ちゃんと生きてるんです。それどころか、元気に回復するんです』と言う。それが本当ならすごいことだと驚愕しました」

当時の日本はまだ脳死が認められていなかったので、心臓移植もできなかった。もしこの術式で患者が治れば、心臓移植が困難な日本はバチスタ手術をもっとも必要とする国だと、須磨は確信した。親友のカラフィオーレ教授がイタリアで初めてバチスタ手術を行なったことも聞きつけた。須磨は、未見の新手術の術式のことで頭がいっぱいになった。

その時、ローマ永住を半ば決意しかけていた須磨の脳裏をよぎったのは、一抹の懐疑心だった。

これだけ新技術が出ているのに、果たしてイタリアにいる自分だけが幸せになっていいのか。自分の使命とは、日本にこの術式を持ち帰り、定着させることではないのか。

数ヵ月、須磨はひとり悶々とした。寝ても覚めても、帰ろうか、それともこっちに残留しようか、という自問を続けた。

そんなある日、須磨は突然あっさりと決断する。

今でも須磨は、決断した場面の光景を鮮明に覚えている。休日だった。ベランダから外を眺めていたら、張りつめていた気持ちがふっと抜け、単純に帰ろうという気になった。

そう思った瞬間、須磨は隣に座っていた妻に向かって「帰るよ」とひとこと告げた。妻はローマを気に入っていたので、思わず「ええ？」と声を上げた。だがすぐその後で、

「もう決めたんでしょ。それじゃあ帰りましょう」

と答えた。

こうして須磨は日本に帰った。

実は筆者は、須磨に幾度かインタビューを重ねた後も、どうしてもここのくだりが納得できずに悩んでいた。凡人から見れば抜きん出た能力を持ち、天から寵愛《ちようあい》されている須磨だから何があっても不思議はない。そう割り切って流してしまおうかとも考え

た。

だが須磨は、破境者ではあるが超人ではない、というのが筆者の認識だ。その選択は常に合理的で、一見飛躍しているように見えても、必ず何らかの必然的な裏付けがある。

筆者が見るところでは、須磨は未来予見タイプではない。彼には、いつも目の前の一歩を進めるために必要な道筋が見えているだけなのだ。

須磨は新しいことを行なうことに喜びを感じる人間だ。こうしたタイプは日本社会ではなかなか受け容れられず、阻害されることも多い。だから須磨のような体質の人間には、日本社会は決して居心地のいい空間ではない。それはトップレベルの優秀な科学者が、次々に日本のコミュニティを離脱していく頭脳流出という事態の頻度の高さから見ても明らかだ。

そんな須磨が、欧米で理想的な外科医として振る舞うことができる環境を手にした。いわば須磨にとって、理想郷だ。だからここまでの話だけでは、どうしても須磨の帰国という選択は論理的不連続性を感じてしまう。

迷った時は現場に還れ、は捜査の鉄則だ。須磨という謎を解くためには、須磨自身に尋ねてみるのが一番いい。そこで筆者は須磨に、この疑問を直接ぶつけてみた。

初め、須磨は私の質問にとまどっていた。須磨にとっては帰国はあまりにも必然だったので、これまでその理由を深く考えたことがなかったのだろう、ということがありありとわかる表情だった。

しかし、筆者が質問を繰り返すと、須磨は問いかけの意味を自分の中で咀嚼《そしゃく》するかのように、腕組みをして考え込んだ。

やがて須磨の口から語られたひとことは、意外な言葉だった。

「犬、のせいでしょうか」


須磨夫妻に子どもはいない。飼い犬が家族だ。ローマ滞在時、須磨は二匹の犬を飼った。ゴールデンリトリバーのタローと、ダックスフントのシーザー。飼い始めて間もなく二匹とも流行していたジステンパーに感染してしまった。

病気の治療に須磨は三ヵ月間奔走《ほんそう》した。ジステンパーを克服したタローは先天性股関節形成不全で、生後六ヵ月から歩行困難となり、あちこちの獣医にかかり、インフォームド・コンセントに納得できず主治医を替えた。須磨は、自分の思いを獣医に十分に伝えられないもどかしさを感じていた。どうしてわかってくれないのだろうと苛《いら》立《だ》った。病気の飼い犬の処分を勧める獣医もいて、須磨の神経を逆撫《さかな》でした。患者の気持ちになって理解できるまで説明してほしい。わからないことを遠慮なく尋ねられるような医者であってほしい、と心から念じた。

当時の須磨は、手術を終えるとまっすぐ家に帰り、二匹の病気の犬の治療に奔走した。病棟の看護婦からは、「ドクター須磨の一番のＶＩＰ患者は飼犬だ」と揶揄《やゆ》されたりもしていた頃だった。

ある穏やかな休日の午後だった。

須磨は居間で書類を作成していた。ダックスフントのシーザーの隣で妻が手仕事をしていた。その時シーザーが一声鳴いた。駆け寄ると、腕の中で痙攣《けいれん》しながらみるみる冷たくなっていく。

須磨は妻とふたりで、動かなくなってしまったシーザーの身体をいつまでも抱きしめ続けた。

その時の光景を思い浮かべて、須磨はぽつんと言った。

「在宅している時に亡くなってくれてよかった。でないとずっと後悔していたと思います。本当に親孝行な子でした」

ジステンパーから奇跡的に生き延びたタローは須磨と共に日本で暮らし、須磨の心を癒やし、二〇〇九年六月に十四歳の生涯を終えた。

ところで、どうして愛犬シーザーの死が須磨に帰国を決意させることになったのだろうか。

須磨は二匹の犬の治療を受けながら、二重の苦しみに苛《さいな》まれていた。ひとつ目は、自分の思いを獣医に十分伝えられないもどかしさ。ふたつ目は、獣医が言っていることに納得できず、納得できない医療は不信感を増大させるという実感。そうしたもどかしさや不信感のうちのある部分は、自分のイタリア語の言語能力の不足に起因する、というふがいなさも強く感じていた。

言葉によるコミュニケーションが不十分だと十分な医療は行なえないことに、須磨は気づかされた。

須磨が医師を志した原点は、自分の治療によって患者がよくなり、その喜びを共にしたいと思ったからだった。その視点から自分を振り返ると、今の自分の姿に疑問が浮かんだ。整えられた環境の中で手術を遂行し、磨き上げられた精密機械のような医療を行なっていくということに関しては、これまでも達成できたし、これから先も遂行し続ける自信はある。

だがそれが本当に自分の望んだ医療なのだろうか。

患者の目に今の自分はどう映っているのだろう。鏡に映った自分の姿に、須磨が不満を感じた獣医の姿が重なった。自分の日本語は患者に届かず、患者のイタリア語を直に聞き取れない自分は、あの時自分を苛立たせた獣医とどこが違うのだろう。

須磨は呟《つぶや》いた。

今の自分は、目指していた医療の初心から少し外れているのではないか。

その時に須磨は、日本に帰ろう、と思った。自分の能力は日本語圏で最大値になることを心底認識した。

かくして須磨は、惜しまれながらローマから帰国の途に就いたのだった。

須磨がローマに滞在したことで、後の日本は豊かな医療を手にすることになる。

バチスタ手術と並び、須磨が持ち帰ったもう一つの手土産《てみやげ》は、葉山ハートセンターの創設という形で結実した。

帰国した時に須磨の脳裏には、ひとつの病院のイメージがあった。

モナコ胸部心臓病院。心臓外科の世界では有名な病院だ。

モナコ公国の中心地、カジノで有名な観光都市、モンテカルロにはオテル・ド・パリとオテル・エルミタージュという二つの最高級ホテルがある。モナコ・ハートセンターはオテル・エルミタージュの中庭にはめ込まれた象嵌《ぞうがん》のように存在している。病室は、オテル・エルミタージュにも遜色《そんしょく》がないくらい、ホスピタリティに富む。広い窓からはコート・ダジュールの紺碧の大海原が見渡せ、眼下の公道はF1カーが走りぬける。魅力的なロケーションに三十八ベッドを有する小規模な病院は存在している。三分の一はモナコ公国が出資しており、年間七、八百例の心臓手術を行なう。院長のドール博士は須磨より十歳年上で「ドール手術」を考案したフランス人医師だ。モナコ国王の主治医も務め、アメリカやヨーロッパのエグゼクティブたちが手術を受けにくる。筆者も先日ドール博士にお目に掛かる機会を得たが、柔和な笑顔と年齢を感じさせないエネルギッシュなきびきびした動作が印象的な外科医だった。

そのドール博士から胃大網動脈手術を見せてほしいというオファーがきた。須磨は喜んで参上し、ドール博士に気に入られ、モナコ胸部心臓病院のコンサルタントに指名された。

その後、須磨は幾度《いくど》かモンテカルロに手術に招かれた。須磨はすっかり、モナコ胸部心臓病院を気に入った。メイヨー・クリニックのような巨大病院はとても真似することはできないが、モナコ胸部心臓病院なら日本でも設立できそうだし、当時の日本が必要とする施設はこういうものかもしれないと考えた。高度な心臓病治療を効率よく実施する専門病院。入院すると部屋から海が見える。居心地よく、来てよかったと思えるような病院は当時の日本にはなかった。

帰国したら、そういう病院を形にしてみたいという思いが、その時の須磨の中に芽生えた。

須磨の手土産は、新しい術式二つ、『ミッド・キャブ』と『バチスタ』。そしてモナコ胸部心臓病院のような病院を日本で形にしたいという希望だった。

病院を作る資金はないので、そうした願望を叶えるためにはスポンサーを必要とした。会う人ごとにそんな夢を語っていたら、徳洲《とくしゅう》会《かい》グループ代表、徳田《とくだ》虎雄《とらお》と出会った。そこで須磨は徳洲会グループの湘《しょう》南鎌倉《なんかまくら》総合病院に勤め始めると同時にハートセンターの候補地探しを始めた。

湘南鎌倉総合病院に赴任したのは九六年夏。その年の十二月、須磨は赴任したばかりの病院で日本初のバチスタ手術を手がけることになる。さすがの須磨もまさか、これほどすぐにバチスタ手術を手がけることになるとは予想すらしていなかった。

次章では、いよいよこの物語に、須磨の代名詞ともなったバチスタ手術が登場する。

7章 バチスタ手術
——湘南鎌倉総合病院

一九九六年　四十六歳

須磨とバチスタ手術の出会いは、ローマ滞在時のヨーロッパの学会だった。当時、心臓外科医たちは寄るとさわると『バチスタ』の話題でもちきりだった。

「バチスタ手術を知ってるか？」

「ああ、もちろん。何しろ俺の同僚が手術を直接見学しにいったくらいだからな」

「で、どうだった？」

心臓外科医は周囲を見回し、そっと肩をすくめる。

「さあ、どうなんだろうか」

　ここで、改めて、バチスタ手術の医学的な意義と歴史を振り返ってみよう。

　バチスタ手術の対象疾患は拡張型心筋症である。原因不明で、心筋が伸びきったゴムのようになり、心臓自体の収縮力が著しく低下する。やがて心不全状態を経て死に至る。当時治療法としては心臓移植しか選択肢はなかった。これに対し、ブラジル人のR・バチスタ医師は、肥大した心臓を小さく縫縮《ほうしゅく》するという、奇想天外な発想による新しい術式を考案した。驚いたことに、一見非常識なこの術式によって、実際に回復する患者が出てきたのだ。その手術結果が発表されるや、欧米の心臓外科学会の話題を独占し、学会場では賛否両論が渦巻いていた。

　それまでの心臓外科医は、壊死《えし》した心筋が皮のように薄っぺらになった部位を切り取るという手術は経験している。だが拡張型心筋症患者の心筋は、劣化しているが生きた筋肉だ。生きている心臓の筋肉にメスを入れたことのある心臓外科医はこれまではいなかった。バチスタ手術は世界中の心臓外科医にとって未経験領域に踏み込んだ手術だったわけだ。

　そんな中、須磨のこころはバチスタ手術のことでいっぱいになっていた。すでに述べたように、勤務しているカトリック大学からバチスタ手術を見学するためブラジルにスタッフを派遣、手術の様子を全部ビデオに撮らせた。親友のカラフィオーレ教授がイタリアで初めてバチスタ手術を行なったことで、バチスタ手術が須磨の身辺に徐々に近づいてきているのを感じていた。

須磨の帰国を決断させたのも、実はバチスタ手術の存在だった。ローマの家で窓の外の景色を眺めながらぼんやりと考えていた須磨は、ある確信を得た。それはある日の夕方、自宅でくつろいでいた瞬間に突然訪れた。

バチスタ手術を今、一番必要としているのは日本ではないのか。

当時の日本ではまだ脳死が認められておらず、また、一九六八年に行なわれた日本での第一例目の心臓移植が、さまざまな物議を醸《かも》す施行だった影響もあってか、心臓移植再開のメドも立っていなかった。なので、拡張型心筋症という難病に罹《かか》った日本人には希望がなかった。対症療法としての処方薬が効かなくなったら一巻の終わり、という医療では淋しいし貧しすぎる。

そんなときにバチスタ手術を知り、この手術こそ日本に必要だと須磨は確信したのだった。

須磨にとって母国日本は、好き半分、嫌い半分だった。半面、ローマに住み続けていたらどうだったかなと、ふと思う瞬間もある。須磨は当時、揺れ動いていた気持ちを語る。

「バチスタ手術が日本に必要だという思いがなかったら、ローマに居続けた可能性も高いです。私のバイパス手術が評価され、ヨーロッパ各国から講演や手術の依頼がきてましたから、何も起こらなかったらもう少しローマにいたでしょうかね。あるいはやがて日本が恋しくなって帰ったかもしれないけれど、心臓外科医の旬《しゅん》の時代に背中を押してくれたのは、バチスタ手術との出会いだったと思います」

須磨がバチスタ手術と出会い、そうした流れの中で日本に帰国したのは、いわば宿命だった。望郷の念で帰国するなど、須磨のスタイルではない。

修羅《しゅら》場《ば》の中、瞬時の判断で動く。それが須磨だ。

それは手術現場での決断と同じ。どこまでいっても須磨は外科医なのだ。

帰国した須磨がまず行なったのは勤務地探しだった。須磨はモナコ胸部心臓病院と同じような病院を日本にも作りたい、と熱望していた。

須磨は心臓専門病院を作りたかった。既存の大学病院や総合病院では心臓外科は横並びの科のうちの一つにすぎない。患者が殺到すれば手術室はたちまちパンクし、ICUも満床で使えなくなる。他科と小競り合いも起こる。それは既存の病院では必ず起こる、想像の範囲内のことだった。それは当時の須磨にとって、切実な問題だった。大学から教授として招聘されもしたし、わざわざローマまで教授就任の依頼をしに来ようとした施設もある。

だが既存の施設では、須磨の夢は叶わないとわかっていた。

須磨の希望は、爽快《そうかい》になるくらい傲慢《ごうまん》だった。

須磨は独立した、機能性に富む新しいスタイルの心臓専門病院がほしかった。患者にとって居心地がよく、設計も斬新で、日本にもこういう病院ができたのか、と感心してもらえるような新しい病院を作ってみたかった。

ふつうなら、叶うことのない見果てぬ夢。だが気がつくとそれが現実化してしまう。

そういう磁場を持つ外科医、それが須磨久善なのだ。

帰国後、須磨が出会ったのが、徳洲会総帥《そうすい》の徳田虎雄だった。須磨宛に徳田から「是非お会いしたい」という連絡がきた。徳田は須磨の構想に即座に反応し、申し出た。

「一緒にやりましょう。新病院は好きなように作ってみてください」

こうして須磨は徳洲会系列の湘南鎌倉総合病院に就職し、新病院づくりを目指し始めた。

湘南鎌倉病院ではまず土台作りに専念した。チーム作りと場所探し。患者を集め、手術を数多くこなす。そうしているうちに新病院の候補地が見つかれば、そこにハートセンターができ、その先にバチスタ手術が待っているはずだ。

もちろん、バチスタ手術を実施する時はいずれ来るとは思っていたが、すぐに実現できるなどとは考えもしなかった。胃大網動脈バイパス手術を思いついてから実現するまでの時間経過の長さを思えば、当然の判断だ。

しかし須磨の運命は、いつも予想どおりにはならない。

帰国して一年もたたないある日、一色高明《いっしきたかあき》（現帝京大学教授）から相談があった。

一色と須磨は三井記念病院の同期。一色と須磨がパーティの席上で再会した時、一色は帝京大助教授だったが、須磨に切々と訴えた。

「どうしても内科治療で助けられない患者がいるんです。この間飲んだときに須磨先生は、心臓をバサッと切って縫い縮めたらよくなるという、とんでもない手術の話をしていましたよね。それって先生のところではできないんでしょうか」

「できるかどうかなんて、やったことないからわからないですよ」

「実はその話を患者さんにしたら、是非須磨先生と会って直接話を聞きたいというんです」

須磨は一瞬驚いたが、次の瞬間、即答していた。

「話をするだけなら、いつでもいいですよ」

須磨は、帝京大学に資料を持って行った。当時、アメリカの学会ではすでにバチスタ手術の解説つきビデオが売られていた。インターネットでバチスタ手術の成績に関する情報も集められた。それを全部持って行き、患者に見せ、実状を包み隠さず伝えた。データは良好なものではなかった。五人中三人死亡、三人に一人は退院できなかったなど、マイナス・イメージの情報も目立った。

須磨は自分のことも言い添えた。

「私はバチスタ手術の経験はありません。ただ私はバチスタ手術に関して徹底的に学習しています。ですが、そんな私でも現時点では、ではやりましょうということは安易には申し上げられません。その点はよくお考えください」

二週間後、一色から電話があった。

「患者さんから質問がありました。須磨先生のお話は理解できました。ではもしもバチスタ手術をせずに内科治療を続けたらどうなるのかと……」

「その診立《み》てに関しては、私よりも心臓内科医である一色先生の方が、正確なのではないですか？」

受話器の向こう側で一色は黙り込んだ。

須磨と一色は、この患者の余命は数ヵ月、半年もたないという共通認識で一致した。そして患者も自分の置かれた状況を自覚していた。

電話検討会は終了した。一瞬の間のあと、一色は須磨に告げた。

「実は、患者と家族の意志は固まっています。そういう状態ならば、一か八かの賭けでも、須磨先生のバチスタ手術を受けてみたい、とのことでした」

須磨は受話器を握りしめた。あれほど詳細にリスクを説明したのだから依頼は諦めるだろうと思っていた。しかし本人も家族もそろって頼んできた。

ならば、須磨としても申し出を受けることは必然であり、本望だ。

こうして須磨は初めてのバチスタ手術を行なう決断をした。

今度は須磨が大変な思いをする番だった。

バチスタ手術のように確立されていない手術を行なうときには、大きな問題がふたつある。ひとつはコンセンサスを得ること。もうひとつは費用負担の問題だ。具体的に言えば、前者は病院の倫理委員会を通すことだし、後者は、評価の定まらない手術に対しては保険がおりないというデメリットとして出現する。

須磨は、病院の倫理委員会ですべてをありのままに話し、倫理問題と医療保険問題を一気に片づけるという手段を選んだ。何しろ時間がなかった。院長に話し、徳洲会総帥の徳田にも説明した。徳田が首を縦に振らなければ、ここでは何もできない。徳田があらゆる問題を深く考え、さまざまなリスクまで含めて検討したことは間違いない。だが須磨に伝えられた徳田の回答はたった一言だった。

「須磨に任せる」

ゴーサインが出た。次は院内のコンセンサス作りだ。循環器内科部長を始めとし、院内スタッフにもプレゼンテーションをし、患者の状態、平均余命、現在の治療法、などについて説明した。

須磨は言った。

「バチスタ手術は、海のものとも山のものともわかりません。しかも私はまだやったことがない。患者から頼まれましたけど、バチスタ手術を行なってみてもよろしいでしょうか？」

いきなりこう言われたスタッフたちは、さぞや驚いたことだろう。誰がみてもないないづくしの絶望的な状況。ふつうなら絶対に認められない申し出だ。

ところが驚いたことに、病院のスタッフからもＯＫが出たのだ。

それはひとえに須磨に対する信頼感からだった。それまで半年近い間、須磨の行状をスタッフは見ていた。須磨が着任し、チームを作り手術を行ない、結果を出し、患者が増えた。須磨の手術の腕前、そしてそれ以上に、須磨の人となりがわかっていた。

スタッフの気持ちを要約すれば、こうだった。

「難しい話はようわからんけど、最終的には先生を信頼するかしないかの話だ。我々は須磨先生を信じる。だから先生がやったほうがいいと思うんだったらやればいい」

公正を期すため、倫理委員会にも実施を諮《はか》った。彼らの意見も「移植ができない日本ではこういう手術が必要です」というものだった。

次は費用問題だ。事務長が厚生省（当時）へ行き、手術に関する相談を持ちかけた。当時は心筋梗塞後に心臓壁が膨隆《ぼうりゅう》する左心室瘤という疾病に対し、縫縮する手術の保険適用は認められていた。しかしそれは心筋梗塞のなれの果てであり、拡張型心筋症に対する適用ではない。したがって拡張型心筋症に対する心臓縫縮術への保険は認められていない。

厚生省の回答は簡明だった。

「自費になりますね。すり替え請求はダメです」

「すり替え請求」とは、手術費を他の疾病のために行なった手術だと説明し、保険を通すという、一種不当な保険請求の手法である。そうすれば審査の目をすり抜け保険は下りるが、それでは永遠に拡張型心筋症に対するバチスタ手術は保険認可されない。だからここは正面突破を図るしかなかった。

ある程度手術症例数を重ね、結果を厚生省に提出し、委員会で検討し、保険で認めてもらえる日がくるまで、費用は患者が払うか病院が持つかのどちらかしかない。

ポイントは二点。認可が下りるまで病院の資金が続くか。そして費用拠出が続いている間にいい成績が出せるかどうか。成功の可能性が高い手術なら見込みもあるが、外国の成績はどれもひどいものばかり。周辺には、なんのためにそんなものに金を出すのかという冷ややかな反応もあり、なかなか思うように進展しない。

どう考えても保険申請が通るまでに最低五年、通常なら十年はかかるだろうと予想された。その間も患者は心不全で入退院を繰り返すから仕事もできず、経済的に疲弊《ひへい》する。そんな患者から何百万という費用を取れるはずがない。

つまり厚生省の回答は、病院が全額費用をカバーする覚悟があるのか、と突きつけたに等しい。

これが第二の、そして最大の壁だった。

これもまた、総帥・徳田の判断に拠ることになった。

徳田はこの時も即答した。

「費用は病院が持つ」

結局、費用も病院がカバーしてくれる形で決着した。

メディアは患者が助かったといえばはしゃぎ、亡くなったというと大騒ぎするが、それはバチスタ手術実施という観点から見れば氷山の一角で、水面下ではこのような努力と英断が積み重ねられていた。

須磨は語る。

「当時のバチスタ手術の成績は決してよくありませんでしたが、それは比較の問題です。手術成績は一か八かのレベルでも、患者さんを放置すれば半年後には確実に死ぬ。生存率ゼロの患者さんの半数が助かるなら、生存率五〇パーセントの手術となり、そうなるとそれはすごい手術でしょう。一方で、見方を変えればそれは死亡率五〇パーセントの手術でもあり、そうなると、そんな危険な手術はまかりならんということになります。一般市民からは、二人に行なえばそのうち一人が亡くなる、危険な手術に見える。ところが患者の視点から見れば、半年後に死ぬとわかっている患者の二人に一人が生還できる希望の手術。これがバチスタ手術の実相なんです」

こうした経緯で、あとは須磨の腕次第ということになった。須磨は手術前の状況をしみじみと振り返る。

「ふつう、こんな短期間でここまではいきません。これは本当にすごいことだったんです。そもそも病院が費用をかぶるということひとつでも、それを呑み込むということがどれほど大変か。倫理委員会の決定もそう。倫理委員会なるものは、ともすればことなかれ主義に陥《おちい》りやすく、危ない橋は渡らないというのが基本スタンスになりがちです。けれども当時の湘南鎌倉総合病院は前向きで明るい活気に溢れていた。だからこそバチスタ手術ができたわけだし、何よりも徳田先生のゴーサインがあればこそです。そこのところを理解してもらわないと困る。ローマから戻った須磨がバチスタ手術を行なって成功した、などという、そんな表層的で単純な話ではないのです」

こうしてみるとバチスタ手術は、湘南鎌倉総合病院という進取の志に富む施設に、須磨が降臨していたからこそ日本で実現できた、ということになるだろう。

須磨には予感があった。日本でバチスタ手術が根づくとすれば、自分がやるしかないだろうという予感だ。矜《きょう》持《じ》とも違う。いわば天命の覚知《かくち》だった。

須磨は自分からバチスタ手術をやりたい、と積極的に思ったことはない。やっていいのかどうかすら、わからなかった。できるなら、他の施設で行なってくれればいいのに、という気持ちもあった。しかし結局、バチスタ手術は心臓手術をよく理解した熟練した術者が行なわないとうまくいかない。

だから須磨は、この術式は避けて通れないと覚悟していた。

倫理委員会を通り、費用問題もクリアし、初期のふたつの関門は無事に通過した。あとは須磨の主戦場、手術室でベストを尽くすだけ。だがいかに努力しようとも、術式の経験がないという弱点は、後追いでは補強できない。

そこで須磨は助っ人を呼んだ。

イタリア人の親友でバチスタ手術経験のあるカラフィオーレ教授。アメリカで初めてバチスタ手術を行なったニューヨーク・バッファロー大学のトーマス・サレルノ教授。心臓手術の際に重要な心筋保護の世界ナンバーワン、「心筋保護の神様」と言われるUCLA・バックバーグ教授。

彼らのうち誰か一人でもいいから手術のヘルプに来てほしかった。そこで須磨は三人に直接電話をして交渉した。イタリア、アメリカ東海岸のニューヨーク、アメリカ西海岸のロサンジェルスの三ヵ所の時差のせいで、須磨は一晩じゅう眠れない羽目になった。結局三日間ほとんど寝ずに電話をかけまくった結果、何と三人とも来日してくれることになった。講義や手術、講演予定を詰め、須磨のためなら行こうと答えてくれたのだ。

「手術の前日に行き患者を診て、一緒に手術をし、翌日帰るがそれでもいいか？」

「十分だ。頼むよ」

他にも須磨はできる限りの手を打った。手術の参加メンバー・堀井《ほりい》泰浩《たいこう》（現香川大学教授）にバチスタ手術を見に行かせた。たまたま堀井はアメリカの国際学会に出席していたが、学会に合わせてバチスタ医師が近隣病院で手術を実演するというニュースがあった。須磨は堀井に、直接バチスタ手術を見学してくるように命じた。実は須磨は当然ながらバチスタ医師にも手術に対する協力要請の連絡をしていたが、彼からはその日、南アフリカで要請された手術を行なう約束があるので来られないという返事を受け取っていたのだった。

倫理委員会の承諾、厚生省への対応、そして外国人スタッフの招聘。

須磨はこれらの諸手続きをひと月で終了させた。

こうして事前にできることはすべて手を尽くし、準備万端整えて手術当日を迎えたのだった。

日本第一例目の患者は、拡張型心筋症だった上に、両側肺に巨大なブラ（風船のような空気嚢胞《のうほう》）があった。ブラがあると肺炎を起こしやすく、リスクが高い。片方のブラに対しては過去に手術を受けていた。しかし反対側のブラについては、「心臓の状態が悪すぎて手術はできない」と宣告を受けていた。この患者は悪条件が重なっていた。そんな状況下で須磨は果敢に本邦初のバチスタ手術に臨んだ。

招聘した三人のプロフェッショナルによる事前評価も、須磨の判断の妥当性を支持した。彼らの結論は「この患者は半年もたない。自分もバチスタ手術を適用するだろう」というものだった。

この判断を得るために、海外からアドバイザーとして彼らを招聘したのだ。初めての手術では、さすがの須磨にも具体的なアドバイスが必要だった。この患者に対しバチスタ手術適用が果たして適切かという判断がもっとも重要な点だ。それは術式経験がある外科医でなければ、最終判断を下せない。だからこそ何が何でも経験者のお墨

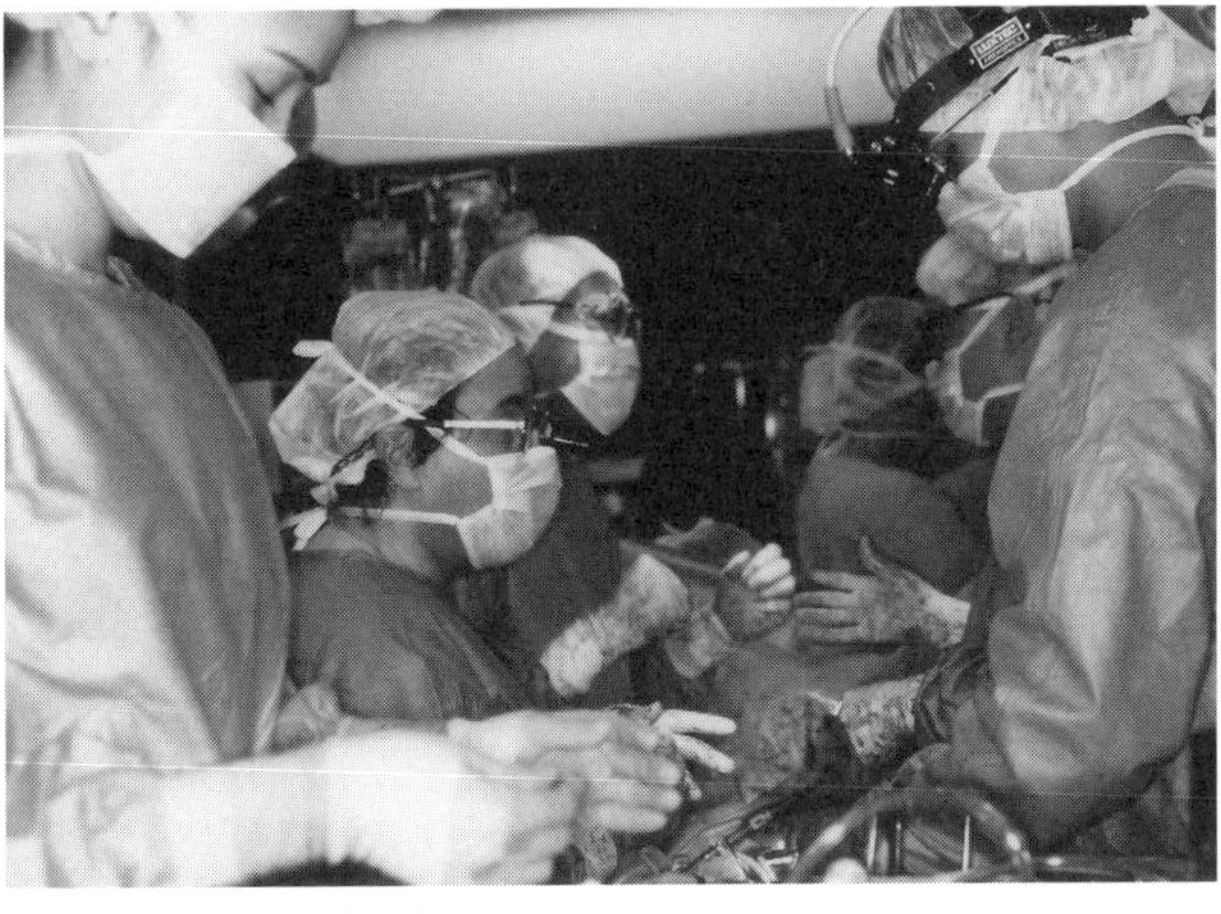

日本初のバチスタ手術のため、
須磨は世界のトップクラスのスタッフを集めた。
手術前の打合わせ（上）と手術中の様子（下）。

付きが必要だった。そしてバチスタ手術の権威だった三人の医師たちが全員「須磨の手術の判断は正しい」と答え、須磨の判断にお墨付きを与えてくれた。

これで須磨は心おきなく手術に臨むことができた。

その日は午前十一時半から手術を始め、みんなの助言を受けながら五時間後に手術を終えた。術後の超音波検査では術前より心臓の動きはよくなっていた。一色助教授も自分の目で確認してくれた。

翌日、海外からのアドバイザーたちは安心して帰国した。


それからが大変だった。もともと心肺機能の低下が著しい患者だから、簡単にはいかないことはわかっていた。ICUで濃密な管理を続けたが、状態は一進一退。ところがある日突然、肺に影が出現した。

術後肺炎だった。その日から見る見るうちに呼吸機能が低下していき、あらゆる手立てをつくしたが、結局患者は亡くなってしまった。手術後十二日目のことだった。

須磨は病院に連泊していた。残念な結果はニュース報道された。手術当日にも、日本初のバチスタ手術と報道され、話題になったことの裏返しのようだった。

さすがの須磨も精根尽き果て、頭の中は真っ白だった。当時のことを須磨はほとんど覚えていない。

そんなある日、須磨の許に一通の手紙が届いた。亡くなった患者の妻からだった。

「何よりも先生とお会いして、そういう手術があるという話を聞き、それをやっていただけると聞いたとき、私も主人もすごく元気になりました。今まで絶望に次ぐ絶望で、希望がなく、泣いてばかりでした。もちろん心臓が悪いからですけれど、希望が見えない人間とは弱く、悲しいものです。先生とお会いして話を聞いたときから、主人は本当に元気になりました。顔色はピンク色に、血圧も上がり、おしっこも出るようになりました。私たち夫婦にとってうれしいことでした。主人は亡くなりましたが、その前にそういう時間を持てたことは、とてもうれしく、主人も喜んでいたはずです。周りの人たちの中には、いろいろなことを言う人もいらっしゃるでしょうけれど、少なくとも手術直後には、心臓は元気になっていました。それは事実ですから、この手術は絶対にやめないで、どうか続けてください」

うれしいはずの手紙だが、その時の須磨は疲れ切っていたので、何もリアクションできなかった。ただひたすら、手紙を繰り返し読んだ。

そうだったんだ、とだけ繰り返し呟いた。

時が静かに流れていった。やがて、手紙の言葉が疲れ果てた須磨の心にゆっくりと染み込んできた。次第に須磨は元気を取り戻し、ある日、手術を再開した。


日本で初めてのバチスタ手術が行なわれたのは十二月二日で、その約二週間後の十二月中頃に患者は亡くなった。呆然としながら、須磨はかろうじて年を越した。

しかし天は、須磨に休息を許さない。

二月、二例目の患者が現れた。患者は当然、新聞ですべてのいきさつを知っている。バチスタ手術の危険性も、須磨が第一例目の患者を死亡させていることも。

患者とその家族はすべてを承知の上で、須磨の手術を受けたいと申し出てきたのだ。

「やがて死ぬことくらい、自分でもわかる。前回手術を受けた方が亡くなっているのも知っている。それでも、私は須磨先生の手術を受けたいんです」

ふたたび、倫理委員会で検討された。さすがに今度は中止勧告を受けるだろうと予想していた須磨は、倫理委員会の結論を聞いて驚いた。

倫理委員会の結論は、「須磨先生がいけると思ったらやってよろしい」というものだった。

それを補足するように、鈴木院長は思いがけない言葉を静かに須磨に告げた。

「須磨先生、ここでやめたら絶対ダメだよ」

その言葉を聞いて、須磨は自分が帰国した理由を思い出した。自分はバチスタ手術を広めるために帰国したのだということを。そして第一例目を引き受けたとき、外科医として日本でバチスタ手術の答えを出すまでは絶対に続けようと決心をしていた、ということも。

一例目が失敗に終わったからといって、手術をやめるつもりはなかったが、想像以上のプレッシャーの中、晒された結果に自分の落ち込みも大きく、立ち直れるという自信がなかった。次の手術を行なうイメージができていないうちに、次の患者が来たのだ。

二例目の患者は四十代の女性で、ご主人は奥さん思いだった。ふたりが須磨に任せると言ったため、病院もゴーサインを出した。

須磨は覚悟を決めた。どんな理由があろうとも、立て続けに患者がふたり亡くなれば、さすがに三度目のトライアルは難しくなる。

この患者には絶対に歩いて帰ってもらう。

そのプレッシャーは一例目とはまた別のすさまじさだった。

二例目のときは外国からアドバイザーは呼ばなかった。一例目はわけがわからないまま初めての道を歩くようなものだから、助言者が側《そば》にいてくれた方がいい。だが、二度目は違う。大体の道筋がわかっているのだから、自分で考え、思うようにやったほうがいい結果が出るかもしれない。

須磨は、二例目は内部スタッフだけでの実施を決意し、チームスタッフと打ち合わせを重ねた。

不安がなかったと言ったら嘘になる。だが、須磨には確信があった。

後に放送された「プロジェクトX」（二〇〇一年・NHK）で、須磨が「この手術にはふたつの命がかかっていた。患者の命とバチスタ手術の命だ」と語ったのには理由があった。

須磨以外の心臓外科医がバチスタ手術をし、失敗すれば、この手術は封印されてしまう。だがそれは、須磨が二例目を失敗しても同じことだ。失敗続きのその手術をあえてもう一度やろうという心臓外科医など、いるはずもない。そうなると、日本でバチスタ手術は行なえなくなり、助かる人もいなくなる。

須磨は、バチスタ手術を日本で最初にやりたいと思って帰国したわけではない。どこか他の立派な施設でやることになるだろうと予想していた。だが事情と予想は変わり、結局須磨がバチスタ手術の先兵となってしまった。ここで須磨が結果を出さないと、日本のバチスタ手術は死んでしまう。

現在、バチスタ手術が生き残っているのは世界中を見回しても日本だけだ。バチスタ手術は他国では全部死に絶えた、と言っていいだろう。国際心臓外科の世界でなぜ須磨が有名なのかといえば、いまだにバチスタ手術をやっていて、しかも数多くの患者を助けているからだ。

須磨は一例目の時は、手術のイメージを持てなかった。手術は、一例の経験があるのとないのとでは事情が異なる。経験値ゼロであれば、イメージは持てない。

だからこそ須磨は、二例目の成功を確信していた。一例目と二例目の決定的な違い。それは須磨の経験の有無《うむ》だ。そして何よりも、須磨の中にある成功のイメージの確かさだった。

そして三月のある晴れた日、運命の女神はついに勇気あるひとりの外科医に微笑《ほほえ》みを投げかけた。


それ以降、須磨の許には拡張型心筋症でバチスタ手術を望む患者が、全国から集まってきた。成功を重ねても、治療費用は全額病院持ちの状態が続いていた。正確な数字は憶えていないが、おそらく十人近くは病院持ちで手術が行なわれた。

一言で病院持ちというが、その額は半端ではない。患者一人にかかる費用は手術の費用だけでは済まない。入院中の治療費から検査費用まで一切合財、場合によっては一千万をゆうに超える。心臓が肥大していれば弁も替えるが、人工弁は一個百万円也。糸、針、手術のガウン、人工心肺、輸血代等々の消耗品。術後に肺炎を起こした、腎臓が悪い、なんやかやで一ヵ月、二ヵ月入院し、最後に死んでしまったりすれば、これはもう大変だ。ちなみに心臓の通常手術、バイパスや弁置換程度の手術の保険請求は三百万円前後だ。

病院負担は大きくなったが、代わりに二例目からたて続けに成功していたので、詳細なカルテを厚生省に提出して審議を依頼することが可能になった。当時の新聞記事によれば、バチスタ手術が保険認可されるのに要した時間は一年と一ヵ月。おそらく患者の切実な思いが届いたのだろう。加えて須磨の手術成績がきわめて良好だったことも幸いしたようだ。

それにしても単一施設からの保険申請が、これほどの短期間で通ったということは、厚生省の医療行政の常を考えると、異例中の異例のことだった。

厚生省による迅速《じんそく》な対応で、「保険が利《き》くようになった」という事実が報道されると、手術を待ち望んでいた患者たちが大挙して須磨の許を訪ねて来るようになった。

8章

スマ手術への進化

——バチスタ手術の完成形

一九九七年　四十七歳

その頃、海外でもバチスタ手術を続けている施設が幾つかあった。各国トップレベルの病院の腕のいい心臓外科医が行なうわけだが、無事に退院できる確率は六〇〜七〇パーセント程度だった。つまり患者を三人手術したら、うち一人は亡くなるという勘定だ。手術成績としては相当悪く、気安くお勧めできる術式では決してなかった。そのため、多くの施設でバチスタ手術は行なわれなくなっていった。

成績が悪いとはいえ、きちんと結果を報告した施設は、それでもまだ自信があるということだ。一例実施して失敗したとか、三例立て続けに死亡したので取りやめた、というような事案については、おそらく報告さえもされることはなかっただろう。だから当時のバチスタ手術の実態は、相当うまくいっていなかったと判断するのが妥当だ。まさに〝死屍累々《ししるいるい》〟という言葉がぴったりだった。

そんな中、ある日須磨は素朴な疑問を抱いた。須磨の施設では元気になる患者とよくならない患者が混じっていた。これは一体どういうことだろう。

あの患者はうまくいき、この患者は失敗した。それが単純な白黒ではないことは、術者である須磨自身が一番よくわかっていた。須磨はどの症例も同じようにうまく手術できた自信があったからだ。だが現実にはひと月、ふた月たつと元気な患者と具合の悪い患者にわかれてしまう。どうしても理屈に合わない結果に、頭を悩ませる毎日が続いた。

それは、世界的に共通した状況だった。バチスタ手術は、アンプレディクタブル（予測不能）な手術と評価され、リスクが高すぎるからやめるべきだ、という流れにあった。

だが余命いくばくもなく、残された治療法は移植だけしかない、と宣告された人がバチスタ手術によって元気になるのはすごいことだ。どうして結果にムラがでるのか、その理由が明確にわかれば、手術成績は必ず向上するはずだ、と須磨は考えた。

そんなある日、バチスタ手術の最中に心臓に切開を入れたとき、須磨は思わず声を上げそうになった。

心臓中隔をよく見てみると、右壁と左壁を境にして中隔側が白くなっていたのだ。その部分はバチスタ手術では残す場所と決められていたところだった。そしてこれから切離しようとしている部位は血色がよかった。

拡張型心筋症の疾病概念は、血管が詰まり心筋の一部が壊死する、という梗塞的な疾患ではなく、原因不明だが筋肉線維一本一本が弱りながら死んでいく疾病だと思われていた。ある部位だけが壊死し、別の場所は健全だという状態は医学常識に鑑《かんが》みて決してありえないことだと、誰もが思いこんでいた。この術式の創始者であるバチスタ医師さえ、「この術式に関しては、心筋の切除範囲の決定と、縮小するサイズ決定の問題があるだけ」と述べていた。だから切離部位について詳細な検討は行なわれることなく、術前にすべてが決定されていた。

ひょっとしたらこの疾病には、血流が良好な部分と不良な部分が混ざり合っているような患者もいるのかもしれないと思いついた。その瞬間、これまで切離部位を画一的に決定していたため、結果的に良好な部分を切り取り不良部分を残してしまうというような、不合理きわまりない手術を行なっていたのではないかという危惧《きぐ》を抱き、これまでの手術をもう一度すべて見直してみることにした。

その次回の手術から、切離部位と残存部位の両方から心筋検体を採取して大学に送り、心筋のダメージ程度を病理学的に顕微鏡で調べてもらった。案の定、変性部位の分布状況にはばらつきがあり、三分の一の症例では、残した中隔側が悪く、切離した部位は中隔より傷《いた》み方が軽度だということがわかった。つまり三分の一の人たちに不適切な手術をしていたわけだから、手術成績が悪いのは当然だろう。

術中観察で気づいたことが、顕微鏡による病理検索で裏付けられたわけだ。医師の抱いた感触が、科学で証明されたことになる。

それから後は良好な部分を残し、不良部分を切除する選択をバチスタ手術に加味する、という新たな局面に突入する。切除前に不良部分を見分ける方法としては、術前超音波でつぶさに観察し見抜く方法、それから術中超音波で見抜く方法などを、須磨自身で考えだした。するとそれらの違いがより鮮明に理解できた。

一見すると全体がほぼ一様にギブアップ状態に見える心筋でも、その実態は決してそうではない。

「どこが本当にダメで、ある場所はがんばれるかもしれないという見分け方のコツは、手術の最中に心臓をちょっとだけゆるめてみせることなんです」

　と須磨は言う。動かないところは何をやっても動かないが、元気がいい部分は、ゆるめれば動きだす。こうした評価法も編み出し、患者の心臓の一番悪い部位を切離し縫縮すればいいということが、次第に見えてきた。

　では、中隔が悪い人はどうすればいいのか。考え抜いた結果、考案されたのが「SAVE手術」だった。Septal《セプタル》 Anterior《アンテリオル》 Ventricular《ベントリキュラー》 Exclusion《エクスクリュージョン》、「セプタル」は中隔、「アンテリオル」は前壁を意味する単語で、これはすなわち中隔とその前の部分の心室を除外するという意味を内包した名称だ。

　この術式の名は、須磨が命名した。中隔に細い布のパッチで間仕切りをし、容量を小さく作り直すため、中隔を切除せずにただ心臓を切り開くことになる。心筋を切り取らず、間仕切りのパッチをし、死んでいるところを縫い縮めるだけという、なかなか合理的な発想による術式だ。

　中隔は単に筋肉の間仕切りではなく、心機能の重要な部分を担っている。バチスタ手術における、須磨の新たな工夫は、むやみに切離し縫縮していたバチスタ手術を精《せい》緻化《ちか》し、残すべきものは残すという、当たり前の工夫だった。それはあまりに単純な発想ではあったが、そうした考えは、世界中の心臓外科医が誰ひとり発見できなかったことだ。

なぜ他の心臓外科医には発見できなかったのか、と尋ねると、須磨はあっさり答えた。

「それは、バチスタ手術に到達できた外科医だけが行ける、次のステップですから」

バチスタ手術は緊急避難的な手術であり、本道は心臓移植だ、と言われている。だが須磨がバチスタ手術にこだわり続けるのには理由がある。脳死関連法案が通過し、日本でも心臓移植が可能になったが、心臓移植は十年で六十人程度しか行なわれていない。これではとても普遍的な治療とは言えない。おまけに日本では子どもには心臓移植は適用できない。移植ができればいいのだが、移植を受けられない人をどうすればいいのか、という考えは、医療行政の見地からはすっぽり抜け落ちている。

それは、こういう譬《たと》えをするとわかりやすい。

貧乏人が飢え死にしかかっている。宝くじに当たれば大金持ちになり、ごはんも腹いっぱい食べられますよ、と吹聴している。宝くじに当たった人はいいが、当たる確率は極めて低い。移植を受ければこれだけ長生きしていて元気に過ごせます、と宣伝したところで、肝心の移植リストに入れてもらえなければどうにもならない。そんな人が大勢いる。これが現実だ。

須磨は問いかける。

「困っている人をどれだけ助けられるか、ということが医療の本道です。選ばれた人だけに特殊な治療を施してどれだけ生存曲線を延ばすことができたか、というのも確かに医療ですけど、それは医療全体から見ればごく一部のこと。ですから移植も大切ですが、移植せず自分の心臓を直していくという道も模索しなくてはならないのです」

現実には、バチスタ手術に関しては、世界的に撤退方向にある。HHS（米国保健社会福祉省＝日本の厚生労働省に相当する組織）は非虚血性心筋症に対しバチスタ手術は勧められないというガイドラインを打ち出している。そんな評価のバチスタ手術をなぜ続けているのか。

筆者の疑問に対する須磨の回答はきわめてシンプルかつ明快だった。

「おっしゃるとおり、ＨＨＳはバチスタ手術を「非推奨術式」としています。その流れを決定したのは二〇〇一年、世界的権威のクリーブランド・クリニックのマッカーシー博士の『バチスタ手術は心臓移植の代替治療になりうるか』という論文（ファースト・オーサーはフランコ・セレスダ博士）に依拠しています。マッカーシー博士もかつて自施設でバチスタ手術を行ない、素晴らしい手術だという論文も書いている（一九九七年）。ところが四年後に六十二例に実施したバチスタ手術の追跡調査を行なった結果、三年生存率は六〇パーセントで、手術後に重症の心不全に陥らず、人工心臓や心臓移植を受けずに元気に過ごしている人は二六パーセントだったと発表した。だからマッカーシー博士は、バチスタ手術は心臓移植の代替手術にはならないと結論づけ、ＨＨＳはバチスタ手術を保険適用から外しました。これで先進諸国ではバチスタ手術は死に絶えました。ところが……」

須磨は、分厚い洋書を取りだした。『Heart failure A combined medical and surgical approach（心不全に対する内科及び外科治療）』という書籍で、発行年は二〇〇八年。著者はマッカーシー博士だ。須磨は本に挟まれた、あるページのコピーを開く。博士の直筆で「親愛なるヨシ、この本を楽しんでください。日本での再会を楽しみにしています」とある。

「そのマッカーシー博士が昨年刊行したこの医学書にはバチスタ手術はこう書かれています」

——確かにバチスタ手術の予後は悪かったが、スマ等はその後術式に工夫を重ね、対象症例を適切に選択すれば二年生存率を七一パーセントにまで高めることができるという論文を書いている。二〇〇一年当時、私はバチスタ手術の術後三年経って重症の心不全を起こさずにいるのは二六パーセントしかないので、非虚血性心筋症に適用するには不適切な手術ではないかと述べたが、見方を変えると、その時点でも二六パーセントの患者には適切な治療だったということも言える。心臓移植という医療資源が限定されている治療を見た場合、バチスタ手術の価値を再検討する必要があるかもしれない。

なぜ須磨のチームだけがギブアップせずにバチスタ手術に挑み続けることができたのか。

須磨は同じ方法で手術した患者の三分の一が退院できずに死亡することに疑問を感

じ続け、考え抜いたところから、ある日手がかりをつかんだ。それは拡張型心筋症の心筋病変が一様ではなく、患者によって傷んでいる部位が様々であることを手術中の観察により見出したのだ。同時に異変のある部位を同定する方法も確立した。そこでわかったことは、約三分の一の患者は、バチスタ手術で切除していた部位が傷みの少ない部位で、残した心臓の中隔側の方がもっと障害が強かったということだった。すなわち三分の一の患者にとって、バチスタ手術の適用自体が不適切だったわけだ。そこから須磨は、変性した中隔を除外して縫縮するＳＡＶＥ手術を考案し、バチスタ手術に適した症例とＳＡＶＥ手術に適した症例を識別し、正しい術式で治療するという戦略を構築した。これによって、手術死亡率は半減した。

更にバチスタ手術を行なう場合、バチスタ博士が提唱しマッカーシー博士も追従した、心臓を大きく切り取る方法から、小さな切開で筋肉を大量に切除せずに心臓を縫縮する術式（Basal tuck 法）を開発した。オリジナルのバチスタ手術は、とにかく大きな心臓を小さくすればいいということで切り取る部位は皆同じだったが、須磨は切除相手を見極め、より低侵襲の手術を行なう術式に進化させたのだ。

現在、バチスタ手術の適用数は半減したが、成功率は九〇パーセントを超えている。

　バチスタ手術を行なった先駆者は、良好な成績を残すことができずに脱落した。須磨はバチスタ手術をやり続け、三分の一の患者が死ぬ事実に疑問を感じ、地道に考え続けた。不測の事態が起こった時に、論理的にその理由を考えることは、医学に限らずすべての学問の基本であって、そうした基本をきちんとやりぬくことは、大変難しい。そうした方法で結果を出せればそれがオーソドックスになるが、試行過程では雑音や弱気が進入し、達成への意志をぐらつかせる。往々にして新奇なものはエキセントリックに見えることが多いが、そうした見栄えに惑わされず、ひたすら一直線に荒波を越えていく覚悟が必要だ。

　なぜなら、それが最速の道なのだから。

　須磨が確立したバチスタ変法は、海外では「スマ手術」と呼ばれ、もはやそれはバチスタ手術ではないという認識の心臓外科医も多い。

　筆者も、スマ手術はバチスタ手術を進歩させ、別次元の概念に到達しているという理解である。「バチスタ手術」は、肥大した心臓を「切除」した。しかし「スマ手術」は「裁縮」しているのだから。

須磨が開発した胃大網動脈バイパス手術は日本中の心臓外科医が行ない、海外では教科書にも掲載されている。ＳＡＶＥ手術の原理もやり方も日本の若い外科医は理解し、学会でも発表される。

9章

医療の宝石を手に入れる

――葉山ハートセンター

二〇〇〇年　五十歳

バチスタ手術の日本への導入という修羅場を乗り切った須磨久善は、いよいよ帰国時のもうひとつの念願、小規模だが心臓外科に特化した施設「ハートセンター」の設立にとりかかった。

ここでもう一度、ローマから帰国した後の須磨の航路を振り返ってみよう。一九九六年に帰国、同年の十二月にバチスタ手術の第一例目を施行した。これは想定外で、本来ならハートセンターという新病院ができたら、そこでバチスタ手術ができるようになれば、と願っていたところに、第一例目の患者が訪れてしまったわけだ。

いずれにしてもローマから帰国しなければ、日本におけるバチスタ手術もなかった。『ミッド・キャブ』もなく、葉山ハートセンターもないわけだ。

須磨は笑いながら言う。

「結局、そういうことをさせられる運命だったのでしょうね。こんな性格でなければ、今頃は気楽にローマでハッピーに暮らしていられたかもしれません」

普通の外科医なら、ローマに拠点を定め、医療に携わるという選択肢に惹きつけられたはずだ。だが須磨は、日本に戻った時に得られる新拠点で、自分の医療への大望が叶うと予感していた。驚くべきは、そうした施設の当てがなかったのに、確信していた点にある。その上、自分の予感の的中率はおそらく五分五分以上と感じていたというのだから恐れ入る。

須磨が帰国した翌年（一九九七年）、日本で臓器移植法（脳死を人の死とする法案）が成立した。心臓移植が可能になり、代替治療であるバチスタ手術は衰退するのでは、という質問に対し、須磨は明快に答える。

「現在、拡張型心筋症の患者はおそらく数千人いるでしょう。その中で、心臓移植が行なわれるのは年間十例にも満たない。ですので移植を受けられる確率はきわめて低い。移植待機リストに載せてもらうだけでも厳しい条件がある。年齢が六十歳を過ぎていたり、逆に年齢が低い子どもも無理だし、肝臓や腎臓など心臓以外に臓器障害があると難しくなる。移植資源は貴重で得難く、心臓さえよくなれば長生きできる保証のある人しか移植を受けられない。移植の対象外になってしまう裾野の人たちに対応できる治療法のひとつとして、今なおバチスタ手術は重要な役割を果たしているのです」

小児のバチスタ手術については、海外で症例報告が散見される程度で、日本では三、四人施行したという報告があったが、現在ほとんど報告されていない。須磨は子どもの手術はしない。小児の手術は、手術道具からなにからすべて大人とは違う。手術道具だけではなく注射装置、看護師のケア、食事も成人食と乳幼児食ではまったく異なる。だから手術室からＩＣＵまで含め、小児手術の専門教育をする必要がある。成人用施設でついでに子どもの手術もやろうとしてもうまくいかない。

小児とは小さな大人ではなく、次元の違う別の生物だ、というくらいの覚悟が必要だ。だから小児手術は難しくなればなるほど、子ども専門病院で行なうべきだ、というのが須磨の主張だ。これは欧米では常識だ。

昔は心臓手術として成人も小児も同一施設でやっていたが、近年はセンター化し成功率を一〇〇パーセントに近づけようと努力しているため、環境も含め隅々までプロの集団に仕立て上げないといけない。その点、日本のこども病院では心臓の難手術は数多く行なわれ、世界に冠たる実績を出している。

日本の医療は優秀だ、と須磨は力説する。

湘南鎌倉総合病院でバチスタ手術を成功させた須磨の次の目標は、先進的な心臓手術専門病院、ハートセンターの設立に向けられた。

バチスタ手術の確立で徳洲会のトップ、徳田虎雄から全面的な信頼を得た須磨は、ハートセンター設立に関しても、「あんたに任せるから好きなようにやりなさい」という白紙委任状を手にしていた。

期待に応えようと、須磨はハートセンターの設立に向けて尽力した。恩誼《おんぎ》に応えたいという気持ちが強かったが、同時に須磨の美学でもあった。うまくいった結果から振り返れば、すべてがいいタイミングに思われるが、須磨自身、当時そうしたことがうまくいくという確信があったわけではない。

葉山ハートセンター建設が始まったのは九八年、稼働開始は二〇〇〇年五月である。病院の立地は、傾斜地で地盤がゆるかった。だから基礎工事は大変だった。普通そのような場所には病院は作れないという大局的な判断をする。だがそこは須磨が湘南鎌倉総合病院に赴任していた頃、自分の足で歩き回って決めた場所だ。だから困難を乗り越えて建築を強行した。いざできてしまうと、もう葉山ハートセンターはここに作るしかなかった、と思えるくらいしっくりしたものになった。

湘南鎌倉総合病院の院長だった須磨は、葉山ハートセンターが完成すると同時に初代院長として赴任する。

かくして葉山ハートセンターは船出した。

帰国後五年弱でハートセンターを作ってしまった須磨は、技術の高い一外科医という立場から一歩踏み出した。新しいコンセプトの病院を作るのは、もはや一介の医療従事者の枠組みの中には収まらない。須磨は建築家や経営者と会い、彼らの話に耳を傾けた。モナコ・ハートセンターのような病院を作りたいと説得をして経営者をうなずかせた。

須磨は徳田に今でも深く感謝している、という。もし徳田と出会わなかったら、葉山ハートセンターは完成しなかっただろう。

須磨は言う。

「どう考えてもあんな病院、成立するわけないんです。ただでさえ交通の便が悪いところにもってきて心臓病しか診ない単科病院、しかも建築費は普通より割高で、病院らしからぬ内装に作り込んだものだから、銀行はそんなプランには絶対金なんか貸さないよ、と話を聞かせた人たちは異口同音に言っていました」

着工してからも、周囲の目は冷ややかだった。

「金策が成立したとたん、今度は『どうせできても患者が来ないから、すぐに海の見えるラブホテルに変わるさ』と、言っている人もいたと聞きました」

ところがいざ蓋《ふた》を開けてみると、葉山ハートセンター初年度の手術件数は四百を超えた。月曜から金曜まで毎日二例の心臓手術を行なった勘定になる。患者は沖縄から北海道まで、日本全国からやって来た。この手の病院は年間二百例あれば経営的にも社会的にもいい施設と評価される。なのに、開院一年目から手術実施症例が四百例に達した。

批判的だった人間は顔色《がんしょく》をなくしたに違いない。

須磨にはある成算があった。

「葉山ハートセンター建設は、日本人が自分の命についてどう考えているかということに対する一つの問いかけでした。日本の医療保険制度の下では、同じ名称の手術をすれば入ってくるお金はどこでも一緒です。帝国ホテルのスイートルームでも、駅前のビジネスホテルでも治療の値段は一緒のようなものです。それならば安普請《やすぶしん》の小部屋に患者さんを押し込めるほうが病院側からすれば効率よく儲けられる。だが消費者である患者自身はどう考えているのか、という問いかけをしたかった。いい施設なら遠くて不便でも命がけの手術を受けに来るはずだ、しかも保険が利いて患者負担は他の病院と全く同じ、特別料金もかからないのですからね。逆に、近くて便利な施設だったら何でもいい、と思われればそれまでのことです」

須磨は笑顔で続ける。

「予想外のこともありました。誤算は、建物がしゃれた雰囲気だったせいか、入院したら治療代が高くつくに違いない、と患者さんに誤解されてしまったんです。治療費は他の病院とまったく変わらず、医療保険も適用されるという基本を理解していただくのに少々時間がかかってしまいました」

葉山ハートセンターのメインはバイパス手術だ。二〇〇一年NHKのドキュメンタリー番組「プロジェクトX」で須磨のバチスタ手術が放映され、追い風が吹いた。それ以降、拡張型心筋症の患者も増えたという。

医療関係者は、あんな立地に心臓手術専門病院ができたということに驚き、その施設が経営的に成り立っていることに仰天した。後に日本中にハートセンターが乱立し、今では大学病院の循環器センターのいくつかさえハートセンターを名乗っている。それだけでなく個人出資の小病院が『〇〇ハートセンター』と名乗る。ハートセンターという名前のイメージは、須磨がその全存在をかけて作り上げたものだ、と言っても差し支えないだろう。

葉山ハートセンターが成功すると、今度はまた別のことを言う人たちが出てきた。葉山ハートセンターに心臓病の患者が集まったのは、世界トップの心臓外科医、須磨久善の腕を頼って来たからだ。

すると彼らの中から、したり顔でこう言う者も出てきた。

「自分がオーナーでおやりになればもっと儲かったでしょうに」

そんなことを考えたことは一度もないのに、いちいちおせっかいなことを言って下さる人がいるのにはいつも本当に驚かされますね、と須磨は笑う。

須磨は、日本で病んでいる人々のため、自分の頭の中にあるものを全部形にし、歴史に残るハートセンターを残したいと思った。病院に患者が来なくなりラブホテルになっても須磨自身は困らないが、資金を提供してくれた人には申し訳が立たない。だからこの病院は何が何でも成功させなければならないと考えていた。須磨に熱意と責任感があったからこそ、患者も集まり経営も成り立ったのだろう。

おそらく単なる金儲けを目的としていたら、このような大成功はなかっただろう。須磨はそうしたことを本能的に知っていた。だから、したり顔の人の言葉にも笑っていられるのだ。

須磨には目指しているものがある。

人は病気で変わる。男盛り、仕事もバリバリこなし、我が世の春を謳歌していた人が、心臓が悪いと診断されたとたん人格が変わる。放っておけば死ぬし、手術をしても死ぬかもしれない、と言われると人生を真摯に見つめるようになる。診察を受ける直前まで威張り散らし、好き放題やっていた人も須磨の前では殊勝《しゅしょう》になる。手術の話を聞いた後もふんぞり返り「さあ、切ってみろ」という豪傑《ごうけつ》には一人も会ったことがない。

——昔は家庭を顧《かえり》みず暴飲暴食の毎日、本当にバカなことをしていた。散歩しながら、空を見上げるという平凡な毎日の幸せなんて気づきもしなかった。死ぬかもしれないと思ったとたん、すべてが変わった。もし手術が成功し、もういっぺん生きられたら、自分や家族を大切にして生きていきたい。

これが患者の心情の最大公約数だ。心臓病の告知は、死の宣告に等しい。助かったら、残りの命は神様からのプレゼントだ。

病院とは人生を取り戻す舞台だ。単に壊れた部品の修理工場というだけではなく、価値観を見直すためのステージでもある。そして病院は最期の場所にもなる。どちらにしても非日常の空間であることに変わりはない。

病院とは生者にとっては復活の地であり、死者に対しては悼む地だ。そんな特別な場所が居心地悪くあくせくしているというのは、あまりにも貧しく、悲しすぎる。

だからせめて、黄泉《よみ》の世界に旅立つ死人と、治癒し社会復帰していく生者のために、立派な舞台を作りあげたいと須磨は願ったのだ。

「その頃は何もわからず、ただ全力を振り絞って頑張っていただけなんですけど、みんな、私が何をするか注視していたんだなあ、と今になってしみじみ感じますね」

須磨は続ける。

「三十代の頃から、自分自身で、自分の手術は絶対にすごいぞと思っていました。すると、自分の力を思う存分発揮できる最高の舞台がほしくなる。役者でも歌手でも、最高のパフォーマンスは、自分を引き立ててくれる素晴らしい環境でやりたいと考えるのは自然なことです」

だから葉山ハートセンター建築の際は、隅々まで神経を配った。まったく新しい病院を作りたかったのだ。自分が獲得した大切な高い手術技術を患者に提供できる最高の場所にしたかった。そうしたことは、受け取る側の意識も変えることになるだろう、と須磨は説く。

「宝石をプレゼントするのでも、泥まみれの原石を新聞紙にくるんで渡すのと、熟練工の手で精緻にカットされたダイヤモンドを美しい箱に入れ、花とメッセージを添えて手渡すのとでは、受け取る側の気持ちは全然違うはずでしょう。舞台設定をきちんとやりたいというのは、私にとって自然な感情なんですよ」

須磨は手術の腕を磨き、自分の力を発揮できるチームを作った。そして最後に必要な舞台を作った。

こうしてある日、葉山ハートセンターという晴れ舞台に須磨は君臨した。

須磨の葉山ハートセンターに対する思い入れは、建築や芸術にまで広がっている。病院をひとつのステージと見立てれば、病院設計は舞台作りだ。こうした総合的な視点は今の医療現場にはもっとも欠けている。

須磨は病院を建てるとき建築家とたっぷりディスカッションをした。

「ローマにいたとき、建築のすごさを知りました。ラファエロのお墓が入っているパンテオンが大好きでよく行ったんですが、あそこは結局は単なるドームにすぎません。ところが一歩中に入ると、何もない空間に威圧される。時代を超え、建築家の意図や人々の想いが伝わってくる。本物の建築はでき上がった時に人を支配します。ニセモノは、できた直後はきらびやかですが、その瞬間からすでに滅びに向かっている。本物は違う。年月とともにその威厳を増すものなんです」

葉山ハートセンターの話になると、須磨の口調に熱が帯びる。

「自分のイメージを形にしてみたかったんです。すると病院という場所は威厳もあり、建物に入ったら医者や看護師が自然に背筋が伸びるような神聖な場所なのだと気がついた。見苦しい格好や下世話な会話をすることが許されない場所だと建物自体が語りかけてくる。そういう本物の建築を形にしたかった」

葉山ハートセンターの設計は井出共治《いでともはる》氏で、二〇〇〇年度グッドデザイン賞金賞(建築・環境デザイン部門、建築デザイン)を受賞した。このことからも須磨の企画力の奥深さがうかがい知れる。


建築とは、建てれば完了するものではない。維持する努力も必要だ。今でも須磨の妻は時折ボランティアで病院を訪れている。開院当時から副院長の妻と地域の友人、知人に声を掛け、院内の植物の手入れ、子ども見学会の手伝い、音楽会などを催し患者と交流している。こうした地道な努力が実を結び、来院する人が、最初の頃よりずっとよくなった、と言い残して帰っていく。これこそが絶対的な本物だ。

　一方で周囲に目を転ずれば、新築の病院が時を経ずして朽ち果てていくのを見ることもある。それは建物が本物でなく、働いている人が愛情を注がないためだ。そんな病院はいずれ淘汰《とうた》されることになるだろう。

　須磨は芸術にもこころ惹かれるのだという。

「雑念にとらわれているときでも、こころを鷲《わし》摑みにしてどこか別の場所に連れていってくれる。それこそが本物の芸術だと思います」

　須磨は穏やかに笑い、つけ加えた。

「医療にも芸術的要素は絶対に必要です。いいパフォーマンスのため、アーティスティックな感覚が必須なのです。第一歩は真贋《しんがん》を見抜くこと。本物には一瞬のうちに引き込まれる。自分が悲しんでいようが、腹を立てていようが、それを見た瞬間に、その世界に引き込まれたなら、それは本物です。ニセモノは、こちらがほかのものに気をとられていると全然その中に入っていけない。音楽でも絵画でも、本物は出会った瞬間に感情を忘れさせ、その世界に連れ去っていく。だから本物と接することが何より大切なんです。本物は自分の心を救ってくれるのです」

葉山ハートセンターは須磨にとって聖地だ。だが現在、葉山ハートセンターで働く医療従事者には、設立当時の須磨の苦労や、須磨がどれほど知恵を絞り葉山の施設に心血を注いだかに関して知らない者もいるかもしれない。土台は須磨が築き上げた。システムから建築物の設計から何から何まで関わり、スタッフも集め、手術技術も全部教え、世間には「葉山ハートセンターはすごいです」と身体を張って宣伝していた。

にもかかわらず、須磨はある日突然、葉山ハートセンターを辞去した。

須磨が葉山を離れた理由、それについて須磨が語るためには、もう少し時間が必要なようだ。

10章 須磨久善はどこへ行くのか
――心臓血管研究所へ

二〇〇八年　五十八歳

葉山ハートセンターが軌道に乗ったのを見届けた須磨の目前に、新たな選択肢が出現した。これまで行なった手術や研究をまとめたいという気持ちが浮かびあがり、現在勤務する心臓血管研究所を選択したのだ。図らずもそこは、須磨がひとりの心臓外科医として次のステップを刻むには最適な場所だった。

バチスタ手術を受ける人は、たいていひどい心不全状態で、外科医が上手な手術さえすればよくなる、というものでもない。手術プラス内科療法、たとえばペースメーカーの使い分け、薬の適切使用、不整脈のコントロール、カテーテル治療の併用など、治療にいいことをすべて行なってようやく助かる瀬戸際まで押し戻せる。須磨は、循環器内科のプロ中のプロがいる施設でバチスタ手術を行なったら、手術成績は向上するのではないかと考えた。そうすればこれまで救えなかった患者も救えるかもしれない。

それは須磨にとって、未知の領域への挑戦になる。

須磨の胸には今、新たな課題がふたつある。これまでの業績の集大成を形にすること、そしてプロの内科治療と須磨の手術を連結させたときどういう結果が出るかを見てみること。

こうした理由から、須磨は心臓血管研究所を再就職先に決めた。

そしてその成果は、すでに形になり始めている。

須磨がアカデミズムの世界で再認識される機会が増えた。最近須磨は、手術論文を欧米のメジャー・ジャーナルに四本連続で通すという快挙を成し遂げた。それまでは投稿しても、リジェクト（掲載拒否）され続けた。審査者が須磨の言説を理解できなかったからだ。こんな手術で患者が助かるわけがないとハナから先入観を持たれては、論文が採択されるはずもない。それがここ一、二年、潮目が変わったのか、怒濤《どとう》のように出す論文すべてが採択されている。

二〇〇八年七月、「日本冠動脈外科学会学術大会」で須磨は会長講演を務めた。その場にはこれまで須磨が世界中を回り手術をしながら知り合いになった、心臓外科医のスーパースターたちが招かれていた。彼らはまだ無名時代に須磨と知り合い、互いに認め合い、気がつくとみんなそれぞれの国でナンバーワンの心臓外科医になっていた。

彼らが勢揃いし、須磨の講演を聴いていた。講演が終わった時、スーパースターたちは、須磨に対してスタンディング・オベーションを行なった。須磨は照れ臭そうに右手を上げて、その称賛に応えていた。

須磨に対する社会の理解度が上昇している。その圧力に屈するかのように、頑《かたく》なだったアカデミズムの世界でも、須磨に対する称賛が渦巻き始めている。

須磨が考案した胃大網動脈を用いた冠状動脈バイパス手術の二十年にわたる千三百五十二例に関する集大成の論文は、世界でもっとも権威ある循環器系の医学雑誌である「サーキュレーション」に掲載され、二〇〇八年度の日本心臓病学会の臨床研究論文賞（Clinical Research Award＝CRA）外科部門で顕彰された。

2008年７月、冠動脈外科学会で講演する須磨。

バチスタ手術の創始者であるランダス・Ｊ・Ｖ・バチスタ医師（右）と。

二〇〇八年五月二日、エーゲ海のコス島にて「世界心臓胸部外科学会」での栄誉賞にも輝いている。この半世紀の心臓外科発展に重要な貢献を果たした優秀な心臓外科医百名のひとりに選ばれたのだ。ヒポクラテスが生まれ育ったコス島の丘に各人の名が刻まれ、植樹された。この模様はギリシャ全国ネット土曜日夜のワイドショー番組で放映され、須磨は医学に関するインタビューを受けながら朗々と大好きな「ダイアナ」を歌いあげた。

須磨はバチスタ手術の弱点を補うべく、自ら考案した「SAVE手術」の臨床成績をやはりまとめて論文にして投稿、米国及び欧州の胸部外科雑誌に立て続けに掲載された。

須磨は今もなお、世界中の心臓外科医から注目を浴び続けている。

二〇〇八年七月、須磨は会長として臨んだ日本冠動脈外科学会学術大会のテーマを「クリエイティブ・マインド」とした。

これは、須磨が常に自分に言い聞かせてきた言葉だ。

クリエイティブ・マインドがなければ、外科学の進歩はない。すべてが自己満足の範囲内で収束してしまうからだ。すると現在助からない患者はいつまでも救われない。従来不可能だった手術ができるようになり、リファインされ新術式が生まれ、ずば抜けた成功を収める。これが、クリエイティブ・マインドの賜物だ。

どうして須磨はかくもアグレッシヴに頂点を追求し続けるのか。

それは、須磨が医師を目指した原点を忘れないからだ。クリエイティブ・マインドは、光の道へ至るための道標だが、そこにはリスク・テイカー（危険を覚悟する者）という陰の局面がある。成功すれば素晴らしいが、失敗し地に墜ちるというピットフォール（落とし穴）も同時に存在している。

教科書に書いてあることを忠実に反復し、世俗の名誉をめざすというのもひとつの立派な生き方だ。だがそれは須磨にとっての生き甲斐ではない。須磨の願いは単純だ。めぐりあった人たちをひとりでも多く幸せにしたい。その人が幸せになるのを見ることで、自分も幸せになりたい。そんな単純な願いを胸に、医者という職業を選んだ。それなのに、天は須磨を誰よりも高い技術を有する外科医という高みにまで連れていってしまった。

須磨はそんな境遇を、あっさりと受け容れる。

心臓外科医の頂点を極めた須磨は、実は、野心あふれる若手医師の誰よりもどん欲なクリエイティブ・マインドの持ち主なのかもしれない。

須磨は、さまざまなことにトライしてきたが、振り返ってみて大失敗はなかったという。失敗したかなと思っても、続けているとその失敗が今の大成功に繫がってしまう。大きな願いは、ほぼすべて叶っている。その大きな試みには、邪魔する敵役もいれば、絶望的なピンチが立ちはだかったりする。須磨も苦境に陥るが、失敗や裏切られることを繰り返すと、それに慣れてくる。

人間とはそういう生き物なんだ、と割り切って考えている。

「人が自分をどう思っているとか、ひそひそ話の中身みたいな小さな問題よりもはるかに、自分が自分の行為をどう思うかの方が大切です。たどりついたゴールが、本当に最初に目指していたゴールかどうか。そうした問いに対する回答がイエスなら、あとは、まあそこそこ、どうでもいいのではないでしょうか」

どうしてそこまで達観できるのか、突っ込んで尋ねると、須磨はあっさり答えた。

「すごいピンチや分岐点もありましたが、そんなことは言い出したらきりがない。その手のことはほぼ全部、忘れました。私は、いちいち成功だ、失敗だということはあまり深く考えないんです」

須磨にアンチがいることは確かなのだが、彼らの顔はまったく見えてこない。イメージ的には、茂みの中から突然矢が飛んでくるような感じに近いらしい。

誰かが須磨に矢を放つ。だが、その矢をいったい誰が射ってきて、そのあとどうなったかは、須磨にはよくわからない。犯人を捜し出し叩きのめしてやりたい、という気などさらさらないらしい。

過去にとらわれない須磨が見ているものは、常に現在と未来だ。

須磨には自分の未来はどう見えているのだろう。尋ねると、須磨は笑って答える。

「それは、自分でもよくわからないんです」

死ぬまで外科医であり続けるような気もするし、あっさり外科の世界から立ち去ってしまうのかもしれない。

「私の手をするりと抜けてこぼれおちていってしまう命が百に一つ、あります。それが積み重なっていくとボディーブローのように効いてくる。これまで外科医をやめたいと思ったことは一度もないけど、いつかやめたいと思う日がくるだろうなという予感はしています。心臓外科医はアスリート。大切なのは気力です。目が見えなくなったから、手が震えるようになったから降りる、ではなく、その手前でたぶんチャレンジング・スピリットがなくなってくるでしょう。そういう受け身の姿勢で、及び腰で手術に向かっていると自覚した時が、私が外科医をやめる時になるでしょう」

そう言ってから、須磨は肩をそびやかせて言い放つ。

「だけど今のところそんな気配はまったくない。だから私はまだまだ心臓外科医を続けていくでしょう。ただし、外から見ていてそう見えるのに本人だけは気づかずにいる、そんな見苦しい状態にはならないように、というその点だけに関しては、常日頃から心がけて、気をつけています」

五年スパンでチャンネルを切り替える須磨は、また新しい世界へ足を踏み出すことになるのかもしれない。次の五年は六十歳から、になる。

「楽しみです。私の場合は節目、節目の転換点は自分の計画やもくろみにはない。すべては偶然の出会いから、なんです。全部、予定してセットしたのではない出会いから話が生まれ、気持ちが動き、ターゲットが見えてくる。後は一心不乱に行くだけです」

つまり動きの中からしか、須磨の未来は見えてこない、ということか。

「六十過ぎてから何をするか、一番楽しみにしているのは私自身です。まったく予測がつかない。楽観的に考えていますけれど、これまで、こういう理屈があったからこうなってしまいました、などということは、ただの一度もありません。本能的に止めようがない。その気にならないと動かないですし、ね。だからこうしていれば、いずれ新しい流れに出会うはず。その偶然の出会いを今から楽しみにしているんです」

須磨は、称賛を背に受けながら、軽やかに次の一歩を踏み出そうとしている。

須磨の行く先ではまた、閉塞世界に風穴が開けられるに違いない。なぜなら、たとえどこへ行こうとも、須磨は破境者たることを止めることはできないからだ。

須磨の旅は今もなお、まだ続いている。

第二部

解題　バラードを歌うように――二〇〇八年七月

須磨久善は、「破境者」である。

越境者という言葉を最近よく耳にする。この言葉は多くの人にあこがれの響きをもたらす。なぜなら、閉塞したコミュニティにとっては、大切な風穴になるからだ。須磨は、間違いなく越境者である。ただし彼は同時に「破境者」だ。「破境者」はすべからく「越境者」であるが、「越境者」は「破境者」であるとは限らない。

破境と越境には、本質的な違いがある。

越境者はひとりで境界を越え、新たな地で根を生やし、生きていく。異境の地で生き抜くたくましさはあるが、越境前の世界での影響は薄くなる。彼が移動したことに伴う変化は、新世界でのみ生まれる。だから越境者という言葉にはある種の孤独の影がつきまとう。

では、破境者はどうだろう。

破境者にも孤独の影はあるが、それは従来の枠組みの秩序下での孤独だ。

破境者が旧世界から新世界に足を踏み入れると、新旧ふたつの世界の間にある国境線は破壊される。それにより多数の人間が境界を自由に出入りするようになる。こうして破境者の下には新しい人材が集う。

越境者が越境者たりえるためには、国境は保存され続けなければならない。そうでなければ、越境者にとって称号は無価値になる。国境があればこそ、初めて越境者の勇気が崇《あが》められるのである。

破境者は、越境の必然性を感じている。彼にとって境界線は必然を邪魔する存在だ。だから彼は越境したとたん、国境を破壊しにかかる。彼の意図が達成された時、旧世界と新世界は融合する。

新旧どちらの世界にも旧来の権威がいて、国境が消失した瞬間、その世界でのオーソリティを主張するがゆえに、国境の破壊者たる「破境者」を冷淡に扱い、破境された後の新世界を、さも昔から熟知していたように言い募り、自らの権威を取り繕う。この瞬間、彼らは権威から権威主義者に転落する。「破境者」はそんな権威主義者に対して涼しげに振る舞う。

その時には彼はすでに目標を達成し、望む世界を実現しているからだ。

不思議なことに、「破境者」の前には常に国境が現れる。ふたつの世界の国境を破壊し融合させると、そこにまた新たなひとつの世界が生まれ、同時に隣の世界との間に、新しい境界線が出現する。だから、「破境者」たる彼の目の前には、常に国境が生まれ、彼自身の性質から、彼は常に破境し続けることになる。

こうして彼は永遠の旅人になる。永遠の旅人は自分のアイデンティティを狭く限定する。彼の活動範囲が広ければ広いほど、自分本来のエリアはきわめて狭く限定する。その方が自由度が高いからだ。余計なものは身体を重くする。現在、多分野にわたる活動に意欲を示す須磨は、自分の原点を「外科医」と設定している。須磨にとって「外科医」とは、必要にして最低限、そしてなおかつ最高の称号なのだ。

外科医というパスポートを手にして、須磨は今も国境を次々に破壊し続けている。それは、外科医という世界の拡張を意味している。

ともすれば外科医は、専門性の狭いエリアの頂点をめざしがちのプロフェッショナル志向が強く、細分化しやすい。しかし須磨は、頂点を見つめながら、裾野も広げようとする。

だからこそ須磨は自分の技術や人脈を惜しげもなく他人に提供する。そうすることが、より豊かな世界を構築するために必要な、唯一無二の姿勢だということを知っているからだ。

現在、須磨は心臓外科医の頂点に立っている。だが、須磨に対する称号は「世界トップの心臓外科医」というよりはむしろ、「外科医の体現者」がふさわしい。

そう、須磨は正真正銘、外科医なのである。

「破境者」が請《こ》われて過去を話すとき、知らず知らずのうちに問わず語りの物語になる。彼にとって日常は、常に冒険の日々なのだ。破境者は夢のように過去を語ることで人々を惹きつける。それは本能だ。彼が破境者である以上、常に現存する世界の破壊者という側面がある。彼は自分が世界を破壊することを、人々に納得してもらわなければならない。破境者は国境を破壊することで、より豊かで魅力的な世界が出現すると信じているがゆえに、既存の世界を破壊しにかかる。その時、旧来の世界の住人の共感がなければ、単なる破壊者になってしまう。だからこそ、彼は夢見るように、魅力的な新世界を語り続けるのだ。

こうした物語は、本人に語ってもらうのが正しい。おそらく、須磨が自らの航跡、および自身の哲学を語り始める時期は近い。

須磨が語り始める時、それはひとつの福音になることだろう。だが、その前奏曲《プレリュード》として、このようなスタイルのテキストが存在することは悪いことではない。本人語りにはたったひとつだけだが、致命的な弱点があるからだ。

自分語りは、自分が見てきたこと、考えたことを語る。だがそこに自分の姿は映らない。自分の姿を見ることができるのは他人だけだ。だから須磨自身が語り始める前に、評伝らしきものを道標として世に顕《あらわ》すのは、必要なことだと考えている。


「須磨先生の言葉を紙の上で再構築して残してみたいんです」

筆者がこう持ちかけた時、須磨の答えは即答だった。「おまかせします」

一流の人間の判断は速いが、さすがにその速さには驚いた。すべてを語るので、どう料理するかはご随意に、と言い添えて笑った。

その時筆者が考えていたことは、自分の姿を完全に消滅させ、須磨になりきって評伝を書くという野心だった。だが、それはとんでもないことだと、書き始めてすぐ気がついた。仕方なく、後になって方針転換したことを告白し、お許し願うことにした。

かつて筆者が最初にその野心を須磨に語ったとき、須磨はこう答えていた。

「ご自由に。それができたら仙人《せんにん》ですけど」

須磨は筆者がすぐにその野心をギブアップすることを見通していたのだと思わざるを得ない。だが、筆者の言葉を頭から否定せず、自分の感想を述べて、それとなく事前に知らせてくれたのだ。

この時の会話を思い出すたび、筆者はしみじみと感じ入る。筆者が仙人ではないことは誰にでもすぐわかる。須磨は、仙人ならできるが人間にはできないと断じている。つまり筆者にはその野心を達成することはできないだろうと即答しているのだ。

この判断の速さこそ須磨の真骨頂であり、このような会話の断片に須磨の真髄がある。

須磨は天性の教師であり、表現者なのかもしれない。それでは筆者は？

そう、作家というものはすべからく詐欺師《さぎし》なのだ。

筆者は作家であると同時に現役の医師である。かつて外科医だった時代もあるが、現在は病理医を生業にしている。だから須磨の評伝を語ろうとした時、医学についての事前取材はほとんど必要がないというメリットがあった。だが、それはこの著書においてはアドバンテージにならなかった。

さて、「はじめに」で述べた、筆者が須磨の手術現場を訪問しなかった理由について、ここで種明かしをしておこう。筆者は元外科医である。だから外科医の知り合いは多いが、実際の彼らの手技について知っているかというと、そうではない。むしろ他の外科医の手技を見たことがない外科医の方が圧倒的に多い。誤解を招かぬようにいうと、この場合「他の外科医」とは、「自分が属する集団以外の外科医」という意味だ。かつての大学医局制度の下では、自分の医局に属している医師の手技を知ることはできたが、実は同じ医局の医師の手技ですらなかなか見られない。だから外科医が他人の手術を見るときには、比較対象は自分自身の手技になる。

須磨の手技が素晴らしいことは、手術を見た他の外科医の評判でわかる。すると凡庸な外科医だった筆者が、須磨の外科手技の素晴らしさを、実際に見学することで適切に語ることは難しいだろう。

外科医の世界ではどのように他の外科医を評するかというと、手技に関する評判、つまりウワサと論文だ。だから須磨の外科医としてのたたずまいは、前半の語り下ろし部分で理解できる。そうして『小説現代』で連載を執筆してきたので、書籍化にあたり最後まで須磨の手技を見ずに評伝を書き上げてみようという試みにトライする気になった。それは決して不誠実な姿勢ではない、と思っている。

なぜならそもそも、筆者が須磨と出会ったのは医療現場ではなかったのだから。

※

二〇〇七年十一月。東宝・TBS連合により映画化されたデビュー作『チーム・バチスタの栄光』はクランクアップ直前で、スタジオ中心に仕上げの撮影にかかっていた。それ以前に一度、ロケ地の埼玉医科大学国際医療センターで撮影現場を見学させていただいたので、素人の好奇心を充たすには十分だったが、映画化を仲介して下さった方に、一回スタジオ見学をさせて欲しいというわがままな要望を出した。

なぜか。

医療監修を引き受けて下さった須磨に直接お礼を言いたかったからである。

『チーム・バチスタの栄光』は、バチスタ手術を行なうスペシャル外科医チームの内部で患者の不審死が続き、それを内部の医師が探偵役で調査するミステリー小説である。したがってバチスタ手術に対する医療監修は、映画の出来を左右する重要な因子である。その医療監修を、須磨が引き受けてくれたのだ。

これは望外の喜びだった。デビュー作でバチスタ手術を取り上げたが、告白すれば、トリックを考えついたときには体外循環を使って心臓を止める手術であれば何でもよかった。その時、何の手術にしようかと考え、ふわりと浮かんだのが『バチスタ手術』だった。同時にプロジェクトXで昔見た画像の断片と、中島みゆきの歌うテーマソング『地上の星』の冒頭のメロディが脳裏をよぎった。

『チーム・バチスタの栄光』は、須磨という存在にインスパイアされて書くことができた作品だった。ただしミステリー物語が主体であり、筆者は医師なのでバチスタ手術に対して資料を紐解くこともほとんどせずに物語を書き上げてしまった。そして五年前に見たプロジェクトXを再確認のため見ようなどとも考えなかった。ただいつかこの物語が縁となって、須磨先生やバチスタ先生にお目にかかれる日がくるといいなあという願望を抱いてはいたが、それとても実現するなどと考えたことはなかった。

後に須磨に尋ねると、光栄にもすでに発売直後に私の作品を読んで下さっていたのだという。

「そりゃ、バチスタってタイトルで評判のミステリーでしょ。これは私に読めと言っているに違いないと思い、出版直後に買って読ませていただきました。一気読みでしたね。面白いだけでなく、どうしてこの人はこんなに私の心情をご存じなのだろう、どこかで話したかな、と思ったくらいでした。だから映画で医療監修のお話を頂いたときは、一も二もなく引き受けさせていただいたんです」

身に余る光栄だ。作品を気に入ってくれた須磨は、医療監修を引き受けただけではなく、アグレッシヴにさまざまな差配を行なってくれた。キャストの面々に心臓手術を見せ、心臓外科の厳しい現実をつきつけた。それから心臓外科手術専門エリート集団、チーム・バチスタと呼ばれるキャストそれぞれに対応する専門家を差配し、その心情を理解できるように取りはからった。

映画『チーム・バチスタの栄光』成功の裏側には、対応する本物の医療チームの裏打ちがあったのだ。

チーム・バチスタのリーダー役、桐生恭一《きりゅうきょういち》には歌手で俳優の吉川晃司《きっかわこうじ》が配された。

吉川は、須磨に出会った瞬間に挑発されたのだと言う。

「あなたに本当の外科医を演じることができますか」

反感を感じながら、吉川は問い返す。

「本物の外科医って、どうやって見分けるんですか」

とっさにしては、うまい切り返しだ。しかし須磨は即座に言い返した。

「本物の外科医は背中で語る。それができなければ一流の外科医とは言えない」

このやり取りで、吉川晃司の闘争心に火がついた、らしい。初めは、果たして自分に外科医役などできるのだろうか、と半信半疑だった吉川はこの問答を境に外科技術の習得にのめりこみ、やがて吉川のマネージャーが映画プロデューサーに「吉川を止めて下さい。外科トレーニングのため仕事をキャンセルしたいなどと言い出しています」と言わせるまでになった。ただし、スタジオ見学に行った時の私は、こうしたエピソードはまったく知らない、ただの野次馬にすぎなかったが。


東宝のスタジオは倉庫のような建物の中にあった。モニタを前にした中村監督に挨拶をし奥に進むと、椅子に座り、鋭い眼光を撮影中のモニタに注いでいる男性が目に入った。

これが須磨久善との出会いだった。

会釈をして御礼を言うと、須磨は手を差し伸べてきた。

「精一杯、やらせていただいています。是非、一度お会いしたかった」

それから筆者は須磨と、三十分近く語り合った。話の内容は、映画のことではなく、医療教育、特に外科医の教育制度についてだったように記憶している。

「外科手術の教育のための肝は何でしょうか」

場違いな私の質問に、須磨はシンプルに答えた。

「イマジネーション、でしょうね。すべての手術は、想像するところから始めるべきです。その次は、段取りのつけ方、ですね。これで外科医としての修養の大半は終わるはず。ところが現在の医療現場では、こうした教育を軽視し、そうした概念を持たずに教育をしようとしているんですから驚いてしまいます」

話せば話すほど、須磨の言葉が描き出す外科医の理想像と、『チーム・バチスタ』のリーダー、桐生恭一のイメージは重なっていく。そうしたシンクロする様子を私は不思議な感覚で眺めていた。

二十分くらい経った時だろうか。突然会話を中断し、須磨は立ち上がった。自分の家の庭を歩くかのように、すたすたと手術室のセットに足を踏み入れる。

テスト撮影が一段落し、セット内は緊張が緩んで、多数のスタッフが動き、新しい場のセッティングを行なっていた。そんな中、須磨は手早く小道具係を呼びつける。

「外科医の手袋が綺麗すぎる。術中なんだから、少しは血で汚れていないと不自然です」

小道具係の人は須磨の意見に対応すべく動く。すると須磨は、片隅でぼんやり立っている大柄な手術着姿の男性に歩み寄り、身振り手振りを交えて話し始めた。

アテンドしてくれた仲介者から、今日は俳優陣は参加していないという由を聞かされていたので、須磨が話している相手は、吉川晃司の黒子役で、おそらく須磨が連れてきた外科医だろう、と考えた私はそのままモニタ席に戻り、撮影が再開されるのを待った。

それにしても、須磨のアドバイスを受け容れている代役の物怖じしない態度を見ながら、大物俳優の代役ともなると主役並みに態度もふてぶてしいな、という感想を抱いていた。

中村監督の「本番、行きます」という声が響きわたる。戻ってきた須磨がモニタ前に座る。そしてモニタ内の大柄な男性を見つめた。

撮影が始まった。大柄な男性が外科結紮を行なっている。手際は見事、さすが本職だ、ただ少し緊張しているかな、と画面を見ていると、途中で男性はこんがらがった糸から手を離し、「ああ、もう。ごめん」とひとこと言って投げ出した。

画面が暗転する。須磨が立ち上がるとまっしぐらにモニタの中の世界へと潜入する。取り残された筆者は、モニタの中で男性に対し指導する須磨を見つめる。大柄な男性は身を縮めるようにして、須磨の言葉に耳を傾けている。

撮影再開。

画面の中の外科結紮は滑らかさを増し、黒子の代役男性は一気に結紮をやり遂げる。迷いが吹っ切れたのだろうか、先ほどと打って変わった鮮やかさだった。

「はい、オーケーです」

中村監督の声に、場の空気が緩んだ。大柄な男性は紙マスクを引きちぎった。

そこに現れたのは代役ではなく、桐生役の吉川晃司、その人だった。その時の吉川晃司は、私が現実の外科医と見まがうほどの技術を身につけていた。

これはお世辞ではない。

後日、この時の須磨と吉川の間で、どのような会話が交わされていたか、明らかになった。

この日の撮影は、吉川の見せ場、最後の外科結紮の場面だった。真摯に外科手技の練習に励み、相当腕を上げた吉川だったが、この日はどうしても緊張して上手く結紮場面を見せることができない。何度目かのNGの後、須磨は吉川に歩み寄ると、こう言ったのだという。

「吉川さん、結紮がロックのビートになっている。ここはもっとリラックス、バラードを歌うようにやってみてください」

そのひとことのアドバイスの後、吉川晃司は一発オーケーをものにする。こうして、映画の名場面がひとつ完成されたことになる。

こうした適切かつ魅力的なひとことをあっさり口にできる。これが須磨だ。しかもその時、須磨は同時に私と、外科教育の未来について語り合ってもいたのである。

須磨、吉川、そして筆者の縁には、もうひとつ後日談がある。

宝島社が主催する「このミステリーがすごい！」大賞授賞式で、『チーム・バチスタの栄光』のプロモートを同時に行なっていただいた。その際、須磨と吉川がゲストとしてやってきてくれたのだ。テレビカメラが回る中、吉川、筆者とコメントした後で、須磨はさらりと言った。

「映画は成功します。女性ならみんな、吉川さんみたいな外科医に見つめられながら手術を受けたら、麻酔なんて必要なくなっちゃうでしょうからね」

翌朝のテレビでは、吉川と須磨のコメントが流れ、筆者は画面の隅にちらりと映っただけだった。が一ん。

まあ、筆者にはその手の天分は少ないと自覚していたので諦められたが、それにしても吉川晃司と瞬時にタメを張ってしまう外科医ってどれほどヤクザな人生を送ってきたんだろう、とふと思った。

その記者会見に先立つこと三時間前。会場の旧小笠原邸では、『月刊宝島』が企画した三者対談が行なわれていた。吉川晃司はかつて、地獄を見る思いをしたのだと告白した。すると須磨が言った。

「一流になるためには、地獄を見ないとダメですね」

須磨が見た地獄は、伝え聞きだが少しは聞きかじって知っている。その言葉を受け、筆者は須磨に尋ねた。

「一流って、どういう人なんですか」

須磨は一瞬、静かな目をした。それからオマケのように、ひょいとつけ加えた。

「一人前になるには地獄を見なければならない。だけどそれでは所詮二流です。一流になるには、地獄を知り、その上で地獄を忘れなくてはなりません。地獄に引きずられているようではまだまだ未熟ですね」

この言葉を、今ここに記する資格が筆者にあるのか。この書籍を執筆しながら、筆者は迷い続けた。

実は筆者にとってこの書籍は、この時の須磨の言葉の謎を解くためのものだった。地獄を知ること。そして地獄を忘れること。

筆者はその言葉の謎を解き明かさないままに、ここに書き留めてしまった。いろいろ悩んだが、結局そうせざるを得なくなってしまったのだ。

なぜならすでにその言葉は須磨の許を離れ、空間を震わせた実在となってしまっているからだ。言葉の奥底に潜む何物かを感じ取っておきながら、その存在を保存しようとしないのは創作者の怠慢と傲慢だろう。

それが正解かどうか、今の筆者にはわからない。

ただ、ひとつだけ読者にお願いしたいことがある。この言葉を物語の最後で解き放った後、できればもう一度、この本を最初から読み返していただけたらうれしい。そうすると、この物語はまったく違う様相を呈してくるはずだと思う。

筆者はまだ、須磨が投げかけてきた謎を、解いていない。その部分は読者に委《ゆだ》ねたいと思う。

超一流は突然出現する。まるで、夜空に突然眩《まばゆ》い光を発してその存在を人々に知らせ、驚かせる超新星のように。須磨が考える超一流は、その根幹にクリエイティブ・マインドを抱えている。そういう人材を育てるにはどうすればいいのか。そうした問いに対し、須磨はシンプルに答えた。

「本物を見るのが一番いいでしょう」

本物かどうか知ることが一番大切なのです、と須磨は力説する。コンマ一ミリでもアップ・グレードするにはどうしたらいいか。体力トレーニングをしたり、山ほどの本を乱読したり、放浪したりする中で、一番大切なことは本物を見ることだ。だが本物はそこら辺に転がっているわけではない。ましてや量産などできるはずもない。

本物に触れるための方法のひとつは古典に触れることだ。古典として残ったものは、間違いなく本物だ。だが、現在進行形の本物を見分けることは至難の業である。しかも本物が社会的にどのくらいのタイムラグで認知されるかということにはバリエーションがある。

本物かどうかを見分けるための一つの尺度について、須磨は明確な言葉で語る。

「自分のこころが引き込まれたら、自分にとっての本物です。ふつうの人はそうした瞬間を見過ごしてしまう。本物と出会った瞬間、誰でも、ああ、これかもしれないと思うはず。自分の感覚を大切にしようという気持ちさえあれば、本物が蓄積されていくはずです」

こう語る時の須磨は、外科医というよりはアーティストに近い。外科医の手技を

葉山ハートセンターに心臓手術の見学に訪れた子供たちと。

須磨（前列左）を囲む葉山ハートセンターのスタッフ。

アーティストの領域にまで高められる人間は稀有な存在であり、他の誰にも真似することはできない。

こうした存在を記録にとどめておくことは大切だ。なぜなら、そうした存在こそが文化の豊かさの指標なのだから。


ところで須磨はなぜ、本物を必要とするのだろうか。

おそらくそれは須磨自身が救いを求めているからだと思う。ふつうの人間ならば、救いは周囲の人間に求めることが多いだろう。だが、須磨が進む道は先達のいない未知の領域だ。そこでは既存のアドバイザーはいない。

そうすると須磨は自分自身の中に救いを求めていくしかない。

それが自問自答を繰り返すという、須磨の基本スタイルにつながっていく。その道標として必要なものが、本物という存在だ。その本物に自分自身の考えをぶつける。スカッシュのように、自分の打ち込んだ球の軌跡が次の自分のストロークにつながっていく。

須磨にとって本物とは、自分自身の考えをぶつける壁のようなものなのだろう。

とりとめのない印象譚《いんしょうたん》の掉尾《とうび》に取り上げたいのは、須磨の未来観である。それは世の子どもたちに対する、須磨の姿勢を見てみることだ、と筆者は考えている。

いったい、どうすれば須磨の未来観を窺い知ることができるのだろうか。

※

須磨は、積極的に子どもたちに手術現場を見せている。

葉山ハートセンターが子ども見学会を始めたのは、オープンから二ヵ月後の二〇〇〇年七月だ。それから現在に至るまでに、延べ三千人以上の子どもたちがハートセンターを見学に来ている。そうした子どもと、後に須磨は、テレビ番組内や某大学医学部の新入生歓迎会に招ばれて講演に行った時に再会したりする。学生からの礼状に「今年の新入生の中には、須磨先生の番組を見た、あるいは葉山ハートセンターに見学に行って医者になることを決めたという人も何人かいました」とあったりもする。かく言うその学生自身も実は、小、中、高と葉山ハートセンターに須磨の手術を見学にきていたのだという。

須磨が年月をかけて播《ま》いた種は、芽吹き始めている。

「身体を張ったメッセージは、子どもには必ず伝わります」と須磨は言う。

「小学校がバスを仕立てて来たり、京都から五年連続で来ている学校もあります。修学旅行で関西から東京へ来てコースの一つに葉山ハートセンターを入れていいですかと尋ねられたので『こんなところに修学旅行で行きたいっていう小学生、いるんですか？』と尋ねたら『三十人集まりました』と言われました」

須磨は子どもたちに手術を見せ、話を聞かせ、記念撮影をして帰す。それで医者になることを決めた子どももいる。

「教育はすべてにかかわってくる。子どもたちに手術を見せるのは発想の転換です。こうした思いつきをひょいひょい言い出すものだから、周囲からは『どうしてそんなことを突然言い出すんですか』と聞かれます」

須磨がローマから帰国した時期に、神戸で子どもによる残忍な事件が続いた。九〇年代になってから、子どもが子どもを殺す事件が頻発し、子どもがキレるのは学校の責任かそれとも家庭かという論議が盛んで、教師と親が責任をなすりつけあっていた。須磨の子ども時代を思い起こすと、子どもがキレるのは行き場がなく、希望が見つけられないことの裏返しではないかと、推測している。つまり、大人になる不安が過激な事件を引き起こしていると、須磨は仮説を立てた。現状への不満と将来への不安。大学入試を頑張り、有名大学に行けばほめてもらえることはわかっている。だが一流大学を出たら幸せなのかと考えると、どうもそうではなさそうだ。そういう未来への閉塞感が、子どもも心に重くのしかかっているのだ。

子どもは大人に自分の未来像を投影する。大人が明確な未来像を呈示できなければ、子どもは迷い子になってしまう。

サッカーの中田英寿《なかたひでとし》選手や野球のイチロー選手のようになれればカッコいい。芸能人になり華やかなスポットライトを浴びるのもいい、と考えたりもする。だが大部分の子どもはすぐ、そんなことは無理だと認識させられる。そうなると一般的な仕事の中で自分も幸せになり、しかも周囲から認められるという新しいビジョンが必要になる。だが、そのビジョンが子どもたちに見えない。社会人になった時の自分の姿が思い浮かばないのだ。

本来、モデルとなる父親は、背広姿で会社へ行くが、そこで何をやっているのか子どもたちにはわからない。そんな父親が家に帰ってきても、幸せに見えない。ああなりたくない、という見本ばかりが転がっている。自分が「いいな」と思えるモデルが見つからない不幸な時代、それが現代だ。

そんな今だからこそ子どもたちに向かって、大人が現場で本物を見せるべき、と須磨は説く。

「これこそ、大人が子どもに送れる唯一のメッセージです。メッセージの発信は、教師だけでは足りないし親だけでも不十分。これは難しいことではない。要は異業種の大人が子どもたちに仕事場を見せればいいだけです。そうした流れの中である日、自分の病院を子どもたちに見せたらどうかと思いついたんです」

即座に病院の事務長に須磨は言った。

「子どもたちに病院を見せたいので、協力してもらえないか」

「いいですよ。けれども子どもは来ますかね」

「わからないが、とりあえず近所の小学校に聞いてみようよ」

「じゃあ、校長先生の了解をいただいて『病院見学しませんか。葉山ハートセンター』とでも掲示板に張り出してみてもいいか、尋ねてみましょう」

許可をもらってビラを配ったら、あちこちの学校から見学希望の申し出が来た。それをテレビや新聞が報道したことで、今度は遠隔地からも見学者が来るようになった。やがて小学校の修学旅行もやって来るようになった。

そして今、三千人を超える児童の感想文が、須磨の手元に残されている。

医者の息子で、親が行けというからいやいやだけど来たという子もいた。「病院なんか見たくもないし、医者になる気も全然ないです」とふてくされる子どももいた。

そういう子に須磨は言葉をかける。

「別に無理して医者にならなくてもいいよ。でも君だって、長生きすればいつか病気になったりする。そのとき入院する病院ってどんなところか、元気なうちに見学しておいても悪くはないでしょ？」

そう言って病院見学をさせ、手術も見せる。すると子どもたちの顔つきが、すっかり変わる。

見学の最後にその子が目を輝かせて言う。

「須磨先生、僕、お父さんに言われなくても医者になります」

時の流れに身を任せておけばいずれ医者になったかもしれない。だが、いやいや医者になるのと、自分で決めてなるのとでは雲泥の差だ。

須磨が現在勤務している『心臓血管研究所付属病院』にも見学希望者が訪れる。今もそうした児童たちからはメールや手紙がくる。

「あのとき須磨先生にお目にかかり、自分の目で現場を見て、それで進路を決めました」

大人は子どもにカッコいい姿を見せればいい。ただそれだけでいいのだ、というのが須磨の持論だ。

「子どもの感性ってすごいものです。あっと言う間に本質を見抜いてしまうんですから。そして本物は子どもの心を動かします。今の時代は、子どもがおかしいのではなく、子どもに対する物事の伝え方がおかしくなっているだけなんです。昔は父親の背中を通して世の中を見てきたから、将来に対する違和感はなかった。でも、今はそれが見えなくなってしまっている」

須磨は医療現場から教育再生の実践を行なっている。そしてそれが医療崩壊を抑止する一助になっていることもまた真実だろう。

須磨が医療を、社会を、そして人々を、全身全霊で愛していることは間違いない。

須磨について語るべきことは尽きないが、ここで筆を擱《お》こうと思う。

この物語で筆者が描いたのは、須磨の光の側面である。

ところで須磨は闇を孕んでいるのだろうか。短い間しか須磨に接していない筆者には、断言することはできない。だがおそらく須磨だって、必ず闇を孕んでいるはずだ。なぜなら、光は光だけでは存在できないものだから。

だとすれば、このバイオグラフィは片翼の物語なのだろうか。

それは違う。なぜなら光を描くこともまた、文学なのだ。

須磨の闇の物語はいずれまた、別の機会にどこか他の場所で。そう言いながら筆者は、ひょっとしたら須磨は闇を持たない稀有な存在かもしれない、と夢想したりもしている。

人は、誰も本当の姿はわからない。ならば今は一時、須磨という光にただ酔いしれることが最上ではなかろうか。

極上のワインのグラスを差し出されたら、黙って呑み干すのがいい。

時代の要請によって、須磨が自ら語り始める日は近い。その時、オードブルのような本稿が、メインディッシュの真価を引き立てることになれば幸いだ。

今は切にそれだけを願ってやまない。
作家はすべからく詐欺師だが、少なくともこの言葉は偽りではない。

主要論文と解題——主著者．共著者．タイトル．発表誌

(1) Hisayoshi Suma. Hiroaki Tanabe, Tokuhisa Uejima, Tadashi Isomura, Taiko Horii. Surgical ventricular restoration combined with mitral valve procedure for endstage ischemic cardiomyopathy. European Journal of Cardio-thoracic Surgery 2009 in press.

(2) Hisayoshi Suma. Partial left ventriculectomy. Circulation Journal 2009;Suppl A:19-22.

(3) Hisayoshi Suma. Hiroaki Tanabe, Junya Yamada, Akiyoshi Mikuriya, Taiko Horii, Tadashi Isomura. Midterm results for use of the skeletonized gastroepiploic artery graft in coronary artery bypass. Circulation Journal 2007;71:1503-5.

(4) Hisayoshi Suma. Hiroaki Tanabe, Tokuhisa Uejima, Shinya Suzuki, Taiko Horii, Tadashi Isomura. Selected ventriculoplasty for idiopathic dilated cardiomyopathy with advanced congestive heart failure: Midterm results and risk analysis. European Journal of Cardio-thoracic Surgery 2007;32:912-6.

(5) Hisayoshi Suma. Hiroaki Tanabe, Akihito Takahashi, Taiko Horii. Twenty years experience with the gastroepiploic artery graft for CABG. Circulation 2007;116[Suppl I]: I 188-91.

(6) Hisayoshi Suma. Tadashi Isomura, Taiko Horii, Fumikazu Nomura. Septal anterior ventricular exclusion procedure for idiopathic dilated cardiomyopathy. Annals of Thoracic Surgery 2006;82:1344-8.

(7) Hisayoshi Suma. Taiko Horii, Tadashi Isomura, Gerald Buckberg, RESTORE Group. A new concept of ventricular restoration for nonischemic dilated cardiomyopathy. European Journal of Cardio-thoracic Surgery 2006;29S: S207-12.

(8) Hisayoshi Suma. Tadashi Isomura, Taiko Horii, Gerald Buckberg, RESTORE Group. Role of site selection for left ventriculoplasty to treat idiopathic dilated cardiomyopathy. Heart Failure Reviews 2004;9:329-36.

(9) Hisayoshi Suma. Arterial conduits for coronary artery bypass grafting: A bridge over troubled water. Annals of Thoracic Surgery 2002;73:1366-7 (Editorials).

(10) Hisayoshi Suma. Tadashi Isomura, Taiko Horii, Kouichi Hisatomi. Left ventriculoplasty for ischemic cardiomyopathy. European Journal of Cardio-thoracic Surgery 2001;20:319-23.

(11) Hisayoshi Suma. RESTORE Group. Left ventriculoplasty for nonischemic dilated cardiomyopathy. Seminars in Thoracic and Cardiovascular Surgery 2001;13:514-21.
(12) Hisayoshi Suma. Tadashi Isomura, Taiko Horii, Kouichi Hisatomi, Toru Sato, Teisei Kobashi, Hideo Kanemitsu, Joji Hoshino, Hideki Ueno, Toshimichi Oda. Left ventriculoplasty for non-ischemic cardiomyopathy with severe heart failure in 70 patients. Journal of Cardiology 2001;37:1-10 (日本語).
(13) Hisayoshi Suma. Tadashi Isomura, Taiko Horii, Toru Sato. Intraoperative coronary artery imaging with infrared camera in off-pump CABG. Annals of Thoracic Surgery 2000;70:1741-2.
(14) Hisayoshi Suma. Tadashi Isomura, Taiko Horii, Toru Sato, Norio Kikuchi, Ken Iwahashi, Joji Hosokawa. Nontransplant cardiac surgery for end-stage cardiomyopathy. Journal of Thoracic and Cardiovascular Surgery 2000;119:1233-45.
(15) Hisayoshi Suma. Tadashi Isomura, Taiko Horii, Toru Sato. Late angiographic result of using the right gastroepiploic artery as a graft. Journal of Thoracic and Cardiovascular Surgery 2000;120:496-8.
(16) Hisayoshi Suma. Tadashi Isomura, Taiko Horii, Toru Sato, Norio Kikuchi, Joji Hosokawa. Isolated effect of partial left ventriculectomy for dilated cardiomyopathy: A case report. Journal of Cardiology 1999;33:273-7.
(17) Hisayoshi Suma. Arterial grafts in coronary bypass surgery. Annals of Thoracic Surgery 1999;5:141-5.
(18) Hisayoshi Suma. Two-year experience of the Batista operation for non-ischemic cardiomyopathy. Journal of Cardiology 1998;32:269-76.
(19) Hisayoshi Suma. The right gastroepiploic artery graft. Asian Journal of Surgery 1998;21:166-70.
(20) Hisayoshi Suma. Arterial grafts for myocardial revascularization. Cor Europaeum 1997;6:2-6.
(21) Hisayoshi Suma. Tadashi Isomura, Taiko Horii, Tetsuya Ichihara, Kunikazu Hisamochi, Hiroyuki Fujisaki, Joji Hosokawa, Shigeru Saito. Left ventriculoplasty: A new option for end-stage cardiomyopathy. Heart and Vessels 1997;Suppl 12:31-3.
(22) Hisayoshi Suma. Innominate and subclavian arteries as an inflow of free arterial graft. Annals of Thoracic Surgery

1996;62:1865-6.
(23) Hisayoshi Suma. Atsushi Amano, Taiko Horii, Ikutaro Kigawa, Sachito Fukuda, Yasuhiko Wanibuchi. Gastroepiploic artery graft in 400 patients. European Journal of Cardio-thoracic Surgery 1996;10:6-11.
(24) Hisayoshi Suma. Gastroepiploic artery graft: Coronary artery bypass graft in patients with diseased ascending aorta-using an aortic no-touch technique. Operative Techniques in Cardiac & Thoracic Surgery 1996;1:185-95.
(25) Hisayoshi Suma. Optimal use of the gastroepiploic artery. Seminars in Thoracic and Cardiovascular Surgery 1996;8:24-8.
(26) Hisayoshi Suma. Left main coronary artery reconstruction by patch angioplasty. European Journal of Cardio-thoracic Surgery 1995;9:537.
(27) Hisayoshi Suma. Ikutaro Kigawa, Taiko Horii, Junichi Tanaka, Sachito Fukuda, Yasuhiko Wanibuchi. Coronary artery reoperation through the left thoracotomy with hypothermic circulatory arrest. The Annals of Thoracic Surgery 1995;60:1063-6.
(28) Hisayoshi Suma. Atsushi Amano, Sachito Fukuda, Ikutarou Kigawa, Taiko Horii, Yasuhiko Wanibuchi, Akihiro Nabuchi. Gastroepiploic artery graft for anterior descending coronary artery bypass. Annals of Thoracic Surgery 1994;57:925-7.
(29) Hisayoshi Suma. Yasuhiko Wanibuchi, Atsuro Takeuchi. Bovine internal thoracic artery graft for myocardial revascularization: Late results. Annals of Thoracic Surgery 1994;57:704-7.
(30) Hisayoshi Suma. The right gastroepiploic artery: A new conduit for myocardial revascularization. Primary Cardiology 1994;20:39-43.
(31) Hisayoshi Suma. Atsushi Amano, Akihiro Nabuchi. Left main coronary artery patch plasty with internal mammary artery. Cardiovascular Surgery 1994;2:223-5.
(32) Hisayoshi Suma. Yasuhiko Wanibuchi, Yasushi Terada, Sachito Fukuda, Tetsuro Takayama, Shoichi Furuta. The right gastroepiploic artery graft: Clinical and angiographic midterm results in 200 patients. Journal of Thoracic and Cardiovascular Surgery 1993;105:615-23.
(33) Hisayoshi Suma. The right gastroepiploic artery graft.

Archivio di Chirurgia Toracica e Cardiovascolare 1993;15:457-9.
(34) Hisayoshi Suma. The right gastroepiploic artery graft. Asian Cardiovascular & Thoracic Annals 1993;1:71-6.
(35) Hisayoshi Suma. Internal thoracic artery and competitive flow. Journal of Thoracic and Cardiovascular Surgery 1991;102:639-40.
(36) Hisayoshi Suma. Comparative study between the gastroepiploic and the internal thoracic artery as a coronary bypass graft (Reply to Letters to the Editor). European Journal of Cardio-thoracic Surgery 1991;5:505-7.
(37) Hisayoshi Suma. Yasuhiko Wanibuchi, Shoichi Furuta, Takaaki Isshiki, Tetsu Yamaguchi, Riichiro Takanashi. Comparative study between the gastroepiploic and the internal thoracic artery as a coronary bypass graft. European Journal of Cardio-thoracic Surgery 1991;5:244-7.
(38) Hisayoshi Suma. Yasuhiko Wanibuchi, Yasushi Terada, Sachito Fukuda, Tsutomu Saito, Takaaki Isshiki, Tetsu Yamaguchi. Bovine internal thoracic artery graft: Successful use at urgent coronary bypass surgery. Journal of Cardiovascular Surgery 1991;32:268-70.
(39) Hisayoshi Suma. Yasuhiko Wanibuchi, Shoichi Furuta, Atsuro Takeuchi. Does use of gastroepiploic artery graft increase surgical risk?. Journal of Thoracic and Cardiovascular Surgery 1991;101:121-5.
(40) Hisayoshi Suma. Spasm of the gastroepiploic artery graft. Annals of Thoracic Surgery 1990;49:168-9.
(41) Hisayoshi Suma. Riichiro Takanashi. Arteriosclerosis of the gastroepiploic and internal thoracic arteries. Annals of Thoracic Surgery 1990;50:413-6.
(42) Hisayoshi Suma. Takahiko Oku, Harumitsu Sato, Ryu Koike, Yoshihide Sawada, Atsuro Takeuchi. The bioflow graft for coronary artery bypass. Texas Heart Institute Journal 1990;17:103-5.
(43) Hisayoshi Suma. Keiichiro Kondo, Hiroshi Kimura, Hitoshi Fukumoto, Harumitsu Sato, Atsuro Takeuchi. Results of multiple coronary artery bypass grafting in Japanese patients. Japanese Circulation Journal 1989;53:716-20.
(44) Hisayoshi Suma. Takahiko Oku, Harumitsu Sato, Atsuro Takeuchi. Clinical experience with coronary artery bypass

surgery using bovine internal mammary artery graft (bioflow). The Japanese journal of thoracic and Cardiovascular Surgery 1989;37:1965-8.
(45) Hisayoshi Suma. Harumitsu Sato. The in situ right gastroepiploic artery graft via the superior mesenteric artery. Journal of Thoracic and Cardiovascular Surgery 1989;98:1150.
(46) Hisayoshi Suma. Coronary artery bypass grafting in patients with calcified ascending aorta: Aortic no-touch technique. Annals of Thoracic Surgery 1989;48:728-30.
(47) Hisayoshi Suma. Hitoshi Fukumoto, Atsuro Takeuchi, Yuzo Hirota. Use of gastroepiploic and internal mammary arteries for myocardial revascularization. Journal of Cardiovascular Surgery 1989;30:793-5.
(48) Hisayoshi Suma. Harumitsu Sato, Hitoshi Fukumoto, Atsuro Takeuchi. Combined revascularization of coronary and femoral arteries: A proposed alternative. Annals of Thoracic Surgery 1989;48:434-6.
(49) Hisayoshi Suma. Atsuro Takeuchi, Yuzo Hirota. Myocardial revascularization with combined arterial grafts utilizing the internal mammary and the gastroepiploic arteries. Annals of Thoracic Surgery 1989;47:712-5.
(50) Hisayoshi Suma. Shinjiro Sasaki, Kunio Asada, Atsuro Takeuchi, Michihiro Suwa. Intraoperative ultrasonic imaging of coronary artery and saphenous vein grafts in coronary bypass surgery. Journal of Cardiovascular Surgery 1989;30:257-61.
(51) Hisayoshi Suma. Keiichiro Kondo, Masamichi Maeda, Hitoshi Fukumoto, Hiroshi Kimura, Harumitsu Sato, Atsuro Takeuchi, Junya Kusukawa, Yuzo Hirota. Coronary artery bypass grafting by utilizing the internal mammary artery graft in 100 Japanese patients. Japanese Circulation Journal 1988;52:1365-9.
(52) Hisayoshi Suma. Atsuro Takeuchi, Keiichiro Kondo, Masamichi Maeda, Hitoshi Fukumoto, Hiroshi Kimura, Harumitsu Sato, Shigeto Hasegawa. Internal mammary artery grafting in patients with smaller body structure. Journal of Thoracic and Cardiovascular Surgery 1988;96:393-9.
(53) Hisayoshi Suma. Shinjiro Sasaki, Atsuro Takeuchi, Yuzo Hirota, Takao Ishimura, Akira Wakabayashi. Angiographic comparison of the internal mammary artery graft and the

saphenous vein graft within 2 months and 6 to 12 months after coronary artery bypass surgery. Japanese Circulation Journal 1988;52:175-80.
(54) Hisayoshi Suma. Atsuro Takeuchi, Shinjiro Sasaki, Kunio Asada, Michihiro Suwa, Yuzo Hirota. Augmentation of coronary bypass graft flow induced by dipyridamole and its relation to bypass graft patency. Japanese Journal of Surgery 1988;18:172-8.
(55) Hisayoshi Suma. Hitoshi Fukumoto, Atsuro Takeuchi. Coronary artery bypass grafting by utilizing in situ right gastroepiploic artery: Basic study and clinical application. Annals of Thoracic Surgery 1987;44:394-7.
(56) Hisayoshi Suma. Hitoshi Fukumoto, Atsuro Takeuchi. Application of ultrasonic aspirator for dissection of the internal mammary artery in coronary artery bypass grafting. Annals of Thoracic Surgery 1987;43:676-7.
(57) Hisayoshi Suma. Atsuro Takeuchi. Vein holder for coronary bypass surgery. Annals of Thoracic Surgery 1987;43:109-10.

(2)これまでのバチスタ手術の歴史の総説。
(4)拡張型心筋症に対するバチスタ手術とSAVE手術の理論的背景と手術成績。
(5)20年間にわたる胃大網動脈を用いた冠状動脈バイパス手術1352例の手術成績——2008年日本心臓病学会 Clinical Research Award 外科最優秀論文賞受賞。
(6)SAVE手術の理論的背景、手術方法および手術成績。
(12)バチスタ手術の4年間の治療成績を示した論文。SAVE手術のことを初めて記載し、拡張型心筋症に対する外科治療戦略について詳しく解説した。(日本語)
(14)重症心不全を伴う末期心筋症に対する心臓移植以外の心臓外科治療法の考え方と手術成績——2001年日本心臓病学会 Clinical Research Award 外科最優秀論文賞受賞。
(32)胃大網動脈を使用した200例の手術成績——米国胸部外科学会で発表して大きな反響を呼んだ。
(39)胃大網動脈を胃から切離しても胃の血流は減少することなく、安全にバイパス手術に使用できることを証明した。
(41)胃大網動脈には動脈硬化が少ないことを病理学的に証明した。
(46)上行大動脈石灰化を伴う患者に対して、胃大網動脈と内胸動脈を使って大動脈に触れることなく、安全に冠状動脈バイパス手術が行える方法(Aortic no-touch technique)を発表した。
(48)冠状動脈と腹部〜下肢動脈の狭窄病変に対する冠状動脈バイパスと下肢血行再建の同時手術についての新しい術式を発表。
(52)小柄な日本人の冠状動脈バイパス手術において内状胸動脈が安全有効に使えることを証明した。
(55)胃大網動脈グラフトを用いた冠状動脈バイパス手術の初論文発表。

海堂《かいどう》 尊《たける》
一九六一年、千葉県生まれ。第四回『このミステリーがすごい！』大賞受賞、『チーム・バチスタの栄光』（宝島社）にて二〇〇六年デビュー。続編『ジェネラル・ルージュの凱旋』『螺鈿迷宮』は二〇〇九年上半期オリコン文庫本総売上げ第一位～四位を独占。その他、著作多数。二〇〇八年、『死因不明社会　Ａｉが拓く新しい医療』（講談社ブルーバックス）にて第三回科学ジャーナリスト賞受賞。
現在も勤務医。

外科医《げかい》　須磨《すま》久善《ひさよし》
２００９年７月22日　第１刷発行

著者　海堂《かいどう》　尊《たける》
発行者　鈴木　哲
発行所　株式会社講談社
東京都文京区音羽二―一二―二一／郵便番号112―8001
電話　出版部（〇三）五三九五―三五〇六
販売部（〇三）五三九五―三六二二
業務部（〇三）五三九五―三六一五
本文データ制作　講談社文芸局ＤＴＰルーム
印刷所　大日本印刷株式会社
製本所　株式会社若林製本工場
定価はカバーに表示してあります。

N.D.C.913 222p 20cm ISBN978-4-06-215583-0